Lehrwerk Deutsch
als Fremdsprache

Eva-Maria Jenkins
Monika Clalüna
Ursula Hirschfeld
Mitarbeit: Hans-Jürgen Krumm

Dimensionen. Unterrichtsbegleitung

Lernpaket 1
Magazin und Lernstationen

1

„Es kann nur wenig Spannenderes geben, als das Entdecken neuer Länder. Unermüdlich erregt das Sichtbare das Combinationsvermögen über die Configuration, und die Phantasie ist rastlos beschäftigt, die Lücken des Unsichtbaren zu ergänzen."
Julius Payer (Wien 1876) zitiert von Christoph Ransmayr 1984 / 1999

Max Hueber Verlag

Dimensionen, Lernpaket 1 ISBN 3-19-001681-X
enthält Magazin 1–5
Lernstationen 1–5
CD Sprechübungen

Hörtexte und Hörbeispiele
Kassetten ISBN 3-19-021681-9
CDs ISBN 3-19-031681-3

Unterrichtsbegleitung
Lehrerhandbuch ISBN 3-19-011681-4

Die Entwicklung und Drucklegung des Lehrwerks wurden gefördert durch die folgenden österreichischen Bundesministerien:
- Bundesministerium für Auswärtige Angelegenheiten
- Bundesministerium für Bildung, Wissenschaft und Kultur

Dieses Werk folgt der seit dem 1. August 1998 gültigen Rechtschreibreform. Ausnahmen bilden Texte, bei denen künstlerische, philologische oder lizenzrechtliche Gründe einer Änderung entgegenstehen.

€ 3. 2. 1. | Die letzten Ziffern
2007 06 05 04 03 | bezeichnen Zahl und Jahr des Druckes.
Alle Drucke dieser Auflage können, da unverändert, nebeneinander benutzt werden.
1. Auflage

Umschlaggestaltung: Christiane Gerstung, München
Layout: Christiane Gerstung, München
Satz: Christiane Gerstung, München
Herstellung: Peer Koop
Druck und Bindung: Ludwig Auer GmbH, Donauwörth
Printed in Germany
ISBN 3-19-011681-4

Inhalt

Seite

Liebe Kolleginnen und Kollegen,

an **Dimensionen** wird Sie das eine oder andere überraschen. Am auffälligsten ist die äußere Form: Statt der traditionellen Aufteilung in Lehrbuch und Arbeitsbuch finden Sie

- ein buntes **Magazin** mit Bildern und Texten, den Grundlagen für die Arbeit im Unterricht, das gleichzeitig zum Blättern, Anschauen, Lesen, Raten und Verweilen einlädt,
- **Lernstationen** mit einem breiten, vielfältigen Sprachlernangebot zu allen Sprachbereichen (Aufgaben und Übungen zu Grammatik, Wortschatz, Phonetik, landeskundlichen Inhalten usw.).

Beide Teile sind eng aufeinander bezogen und durch Verweise miteinander verknüpft. Zum **Lernpaket** gehört außerdem ein vielfältiges Hörangebot.

Wenn Sie sich die „Lernstationen" anschauen, sehen Sie, dass es ganz **unterschiedliche Lernstationen** gibt: Lernstation 2 zum Beispiel beginnt mit einem Spiel, einer landeskundlichen Reise durch die deutschsprachigen Länder. Es gibt Lernstationen, in denen übergreifende, landeskundliche Themen aus dem deutschsprachigen Raum im Vordergrund stehen, so z. B. in Lernstation 3 „Alles Mozart ... und mehr", in der Mozarts Leben und Musik mit modernen Themen aus Wirtschaft und Marketing verknüpft werden oder – in Band 2 – Lernstation 6 „Mitten in Europa", in der der Blick über die deutschsprachigen Länder hinaus auf Europa und die Europäische Union gelenkt wird. In anderen Lernstationen geht es, wie schon die Bezeichnung der Lernstationen es nahe legt, verstärkt um die „Kommunikation im Alltag" in den deutschsprachigen Ländern. Je nach den Bedürfnissen Ihrer Lerngruppe, je nach Lernort (näher oder ferner zu den deutschsprachigen Ländern) können Sie hier Schwerpunkte setzen.

Die einzelnen Lernstationen sind, den wechselnden Themen, den unterschiedlichen Lernzielen entsprechend, nicht einheitlich, nicht „nach Schema F" aufgebaut und bieten für den Unterricht ganz **unterschiedliche Zugänge**. Alle Lernstationen enthalten jedoch auch **feste Rubriken**, wie zum Beispiel „Wie funktioniert die Sprache?" (Grammatik), „Wie klingt die Sprache?" (Phonetik), „Wie schreibt man das?" (Orthographie). Was **Dimensionen** ebenfalls markant von anderen Lehrwerken unterscheidet, sind **Wahlangebote**, aus denen Sie und Ihre Lernenden je nach Interesse und Unterrichtssituation auswählen und eigene Lernwege finden können.

Dimensionen ist ein **kurstragendes Lehrwerk**, das zum Zertifikat Deutsch führt und den Grundsätzen des *Gemeinsamen europäischen Referenzrahmens für Sprachen* (Europarat, Berlin / München 2001) folgt. **Dimensionen Lernpaket 1** und **Lernpaket 2** gehören eng zusammen, sie führen die Lernenden zur Niveaustufe A 2 des Referenzrahmens. **Lernpaket 3** entspricht der Niveaustufe B 1 und führt zum Zertifikat Deutsch, mit **Lernpaket 4** erreicht man die Niveaustufe B 2.

Dimensionen ist allerdings ein Lehrwerk, in dem nicht alles genau vorgegeben ist, sondern das Raum lässt für eigenes Entdecken und das Anpassen an unterschiedliche Lernsituationen. **Dimensionen** eignet sich für Lernende, die Neugier entwickeln, die im Deutschunterricht ihre (unterschiedlichen) Interessen an der Sprache und den deutschsprachigen Ländern wiederfinden wollen. Es eignet sich für Lehrende, die die Lernenden auf diesem Weg begleiten und selbst auch neue Facetten des Umgangs mit Sprache und Sprachlehren entdecken wollen. Sie können dabei auf Ihre bisherigen Erfahrungen, Ihr didaktisches Können und pädagogisches Geschick vertrauen.

Wir wünschen Ihnen und Ihren Lernern viel Freude und Erfolg bei der Arbeit mit **Dimensionen**.

Vier Autorinnen und ein Autor

Dimensionen Mind Map

Zielgruppe
Jugendliche und Erwachsene (die gerne Neues entdecken)

Orientierung am
- Zertifikat Deutsch
- Gemeinsamen europäischen Referenzrahmen

Konzeptionelles
D-A-CH-Perspektive ◆ authentische Texte und Bilder ◆ authentische Sprache ◆ authentische Übungen ◆ thematische Progression ◆ Sprache als Klang (integrierte Phonetik) ◆ Grammatik: kommunikativ, situativ, systematisch ◆ Mehrsprachigkeit ◆ Lernstrategien ◆ Lese- / Hörstrategien ◆ Selbstständigkeit der Lernenden ◆ Wahlangebote ◆ offenes Lernangebot ◆ Abwechslung ◆ Spiel und Spaß ◆ Bewegung ◆ Motivation ◆ Kreativität ◆ Kunst und Musik ◆ Lernen mit Gefühl ◆ interkulturelles Lernen ◆ produktorientiert ◆ Language Awareness ◆ fertigkeitenorientiert ◆ …

Übungen und Aktivitäten
Partnerarbeit ◆ Mini-Gruppen ◆ Detektiv spielen ◆ Hypothesen bilden ◆ spekulieren ◆ Regeln finden ◆ Aktivitäten wählen ◆ Sprachgymnastik ◆ Aussprache üben ◆ Geschichten erzählen ◆ Gefühle äußern ◆ Rollenspiele machen ◆ das Lernen lernen ◆ im Team lernen ◆ Musik hören ◆ malen ◆ voneinander lernen ◆ vorlesen ◆ Gedichte schreiben ◆ miteinander spielen ◆ singen ◆ Sprache(n) vergleichen ◆ die eigene Meinung äußern ◆ …

Dimensionen

Die Lehrenden
→ Neues ausprobieren
→ Schwerpunkte setzen
→ Offenheit zulassen
→ selbstständiges Lernen unterstützen
→ …

Lernpaket 1: Materialien
- ◆ Magazin: Bilder, Texte
- ◆ Lernstationen: Sprachlernangebot
- ◆ CD: Hör-/Sprechübungen
- ◆ selbst erstellte Materialien
- ◆ Internet
- • Unterrichtsbegleitung
- • CD mit Hör-/Sprechübungen + Hörtexten

Aufbau der Lernstationen
- ◆ Inhaltsverzeichnis
- ◆ mehrere thematische Stationen
- ◆ Wie funktioniert die Sprache?
- ◆ Wie klingt die Sprache?
- ◆ Interkulturelles Fenster
- ◆ Wie schreibt man das?
- ◆ 10-Minuten-Parcours
- ◆ Reflexion
- ◆ Ihr Lernweg

Lernpaket 1: Lehrwerkteile

Für die Lernenden:
Lernpaket 1 bestehend aus
Magazin: Bilder und Texte, 72 Seiten
Lernstationen 1–5: 232 Seiten
eingelegte **CD mit Hör-/Sprechübungen (Tracks auf der CD)**

Für die Lehrenden:
Unterrichtsbegleitung 1: Konzept und Durchführung im Unterricht
CDs 1 Hör-/Sprechübungen und Hörtexte, Musik
Kassetten 1 Hör-/Sprechübungen und Hörtexte, Musik

Lernpaket 1: Aufbau der Lernstationen

Jede Lernstation enthält ...

- eine **Auftaktseite**, das „Portal" zur Lernstation, in der das Thema visuell angekündigt wird,
- eine Übersicht der **Inhalte** und **Lernziele**,
- **verschiedene thematische Haltestellen**, die im Inhaltsverzeichnis als einzelne Abschnitte erkennbar, in den Lernstationen selbst als Überschriften mit Balken sehr deutlich hervorgehoben sind,
- folgende in jeder Lernstation **wiederkehrende Haltestellen**:
  - **Interkulturelles Fenster** (Kulturvergleich)
  - **Wie funktioniert die Sprache?** (Grammatik)
  - **Wie klingt die Sprache?** (Phonetik: Übungen zum Hören und zur Aussprache)
  - **Wie schreibt man das?** (Orthographie)
  - **10-Minuten-Parcours** (Wiederholung in Form spielerischer Tests)
  - **Reflexion** (persönlicher Rückblick der Lernenden auf die Inhalte der Lernstation)
  - **Lernweg** (Rückblick auf die Lernaktivitäten mit Markierung des persönlichen Lernwegs)

Folgende Piktogramme in den Lernstationen verweisen auf verschiedene Angebote:

 verweist auf das **Magazin** (Schauen Sie die Seiten xx im Magazin an.)

 verweist auf den **Tonträger** (wahlweise auf CD oder Kassette)

 verweist auf die **Lösungen** im Anhang

Wie klingt die Sprache? – Hier gibt es Übungen und Aufgaben zu Aussprache und Intonation.

bedeutet: Hier gibt es Übungsangebote zur Auswahl: **Aktivitäten: Wählen Sie!**

bedeutet: Suchen Sie gezielt bestimmte Informationen: **Spielen Sie Detektiv!**

Infobox: Enthält zusätzliche **Hintergrundinformationen.**

Sprachbox: Enthält Redemittel, um eine bestimmte Aufgabe zu lösen.

Grammatikbox: Enthält grammatische Hinweise, die benötigt werden, um eine bestimmte Aufgabe zu lösen.

Phonetik-Zuckerl bedeutet: Hier wird die **Aussprache** von schwierigen Wörtern und Wortgruppen geübt.

D-A-CH -Phonetik bedeutet: Hier gibt es **Hörbeispiele** aus den **D-A-CH -Ländern.**

D-A-CH -Box enthält Hinweise auf unterschiedlichen **Sprachgebrauch** in den deutschsprachigen Ländern.

Strategie bedeutet: Hier gibt es Hinweise auf **Lernstrategien, Hörstrategien, Lesestrategien.**

Auf alle Lernstationen beziehen sich …

- die **Grammatik-Nachlese** (Übersichten zu den behandelten Grammatik-Themen),
- die alphabetische **Wort-SCHATZ-liste** (Wortschatz der Lernstationen mit Plural- und Verbformen, Markierung des Zertifikatswortschatzes und des Wortakzents).

Lernpaket 1: Grammatik

	Kommunikative Einführung und Anwendung in Übungen und Aufgaben	**Systematisierung / Bewusstmachung**
Lernstation 1 Kontakte	♦ Personalpronomen: *ich, du / Sie* ♦ Verbformen Präsens: *ich, du / Sie (heißen, sein)* ♦ Possessiv-Artikel: *mein, dein / Ihr*	♦ bestimmter Artikel Singular, Plural

	Kommunikative Einführung und Anwendung in Übungen und Aufgaben	Systematisierung / Bewusstmachung
Lernstation 2 Reise durch **D-A-CH** und andere Länder	♦ Verbformen Präsens / Präteritum: *sie / er kommt, liegt, ist, heißt, war* ♦ Fragen und Antworten: *Woher ? – Aus …* *Wo? – In …* *Wohin? – Nach …* (Orts- und Ländernamen) ♦ Gebrauch bestimmter / unbestimmter Artikel ♦ *ein – eine / kein – keine* ♦ *Sie*-Imperativ ♦ Perfekt mit *haben*	♦ Satzformen: Aussagesatz, W-Frage, Ja / Nein-Frage ♦ Wortstellung im Satz: Position 1, Position 2 ♦ unbestimmter Artikel Singular, Plural
Lernstation 3 Alles Mozart … und mehr	♦ Fragen: *Wer? Was? Wen? Warum? Welches (Bild …)?* ♦ Ausbau Personalpronomen ♦ Satzverbindungen mit *und, aber, oder* ♦ Negation *nicht* ♦ *sein* + Adjektiv ♦ *finden* + Adjektiv ♦ *sein* + Nomen ♦ Akkusativ-Ergänzung ♦ Perfekt mit *haben*	♦ Wortbildung: – Adjektiv-Suffixe – zusammengesetzte Substantive: Substantiv + Substantiv ♦ Tempora: Funktion – Präsens – Präteritum ♦ Tempora: Verbformen – Präsens: regelmäßige und unregelmäßige Verben; *sein, haben, wissen* – Präteritum: 3. Person Singular: regelmäßige Verben, Verben auf *-ieren; sein* und *haben* ♦ Personalpronomen: Personen ♦ Personalpronomen: Genus der Substantive ♦ Textgrammatik: Referenzen im Text ♦ Wortstellung im Aussagesatz: Was steht vor dem Verb / nach dem Verb? ♦ Textgrammatik: Satzanschlüsse

	Kommunikative Einführung und Anwendung in Übungen und Aufgaben	**Systematisierung / Bewusstmachung**
Lernstation 4 Kommunikation im Alltag: Zahlen – Daten – Fakten	♦ Fragen: *Wann? Wie lange? Wie viele?* *Der Wievielte?* *Wie oft? Wie alt?* ♦ *es gibt, man* ♦ *können, mögen, müssen* (1., 2., 3. Person) ♦ gratulieren *zur – zum*	♦ Zahlen ♦ Datumsangabe: *Wann? / Der Wievielte?* ♦ Ordinalzahlen: Reihenfolge *(der erste …, erstens …)* ♦ Personalpronomen: Akkusativ, Dativ ♦ Verben mit Akkusativ, Dativ ♦ Textgrammatik: Referenzen
Lernstation 5 Kommunikation im Alltag: Wann – Wohin? – Mit wem?	♦ Uhrzeiten: offiziell – privat ♦ Lokal-Ergänzungen im Satz ♦ Temporale Präpositionen: *im/in, am, um* *ab, bis, von – bis, seit, zwischen* ♦ Temporal-Ergänzungen im Satz ♦ unregelmäßige Verben: Präteritum ♦ Verben mit *sich* ♦ Fragewort: *Für wen?*	Uhrzeiten: offiziell – privat ♦ Lokale Präpositionen: *in, auf* ♦ Lokal-Ergänzungen mit Akkusativ: *wohin? – in, auf* ♦ Lokal-Ergänzungen mit Dativ: *wo? – in, auf* ♦ Lokal-Ergänzungen im Satz (**Grammatik-Nachlese**) ♦ Temporale Präpositionen: *im/in, am, um* *ab, bis, von – bis, seit* ♦ Temporal-Ergänzungen: Uhrzeit, Tage, Monate, Jahre, … ♦ Temporal-Ergänzungen: *am Morgen – morgens* *am Montag – montags* ♦ Temporal-Ergänzungen im Satz (**Grammatik-Nachlese**) ♦ Wortbildung: Adjektiv-Präfix *un-*

Lernpaket 2: Grammatik

	Kommunikative Einführung und Anwendung in Übungen und Aufgaben	Systematisierung / Bewusstmachung
Lernstation 6 Mitten in Europa	♦ Perfekt mit *haben* (Erweiterung); Satzrahmen ♦ Vergleiche mit *wie* ♦ Wortbildung: zusammengesetzte Adjektive (Farbwörter) ♦ Genitivformen: *im Herzen Europas* ♦ Länder- und Sprachennamen, Einwohner ♦ *Wie groß ist … ?* ♦ *Wie viele?* ♦ *wenn*-Sätze	♦ Textgrammatik: Referenzen auf Ländernamen ♦ Pluralformen ♦ Wortbildung: Berufe maskulin, feminin ♦ Wortstellung am Satzanfang: Satzanschlüsse ♦ Perfekt mit *haben* ♦ Akkusativ-Ergänzung (bestimmter / unbestimmter Artikel) ♦ trennbare Verben ♦ Textgrammatik: Sätze reduzieren und wieder aufbauen ♦ Genitiv bei Namen, *von* + Namen
Lernstation 7 Urlaub und Reisen	♦ Lokal-Ergänzungen ♦ Perfekt mit *sein* und *haben*, Satzrahmen ♦ Wortbildung: Substantiv + Substantiv ♦ *haben / brauchen* + Akkusativ ♦ haben / brauchen + *keine / keinen / kein* (Akkusativ) ♦ *bei* + Dativ ♦ *einen / eine / eins; keinen, keine, keins* als Pronomen ♦ *die da, der da*: Artikel als Demonstrativpronomen	♦ trennbare / untrennbare Verben, Satzrahmen Präfixe bei trennbaren Verben: *ab-, an-, auf-, aus-, ein-, fort-, her-, hin-, los-, mit-, weg-, wieder-, vor-, zurück-* ♦ Mitspieler im Satz (Funktionen): Nominativ-Ergänzung, Akkusativ-Ergänzung, Dativ-Ergänzung, Akkusativ- und Dativ-Ergänzung ♦ Fragewörter: *Wer? – Was? / Wen? – Was? / Wem?* Formen: Nominativ, Akkusativ, Dativ: bestimmter / unbestimmter Artikel, Negation *kein*, Possessiv-Artikel *mein* ♦ *Ja – Nein – Doch*

	Kommunikative Einführung und Anwendung in Übungen und Aufgaben	Systematisierung / Bewusstmachung
Lernstation 8 Oben in den Bergen – Unten am Meer	♦ Präposition *aus* (Material) ♦ Aufforderungen / Imperative ♦ *wenn*-Satz: Satzrahmen, *wenn – dann*-Sätze (*wenn*-Satz Erststellung) ♦ Partikel: *endlich, mal, doch mal, endlich mal, einmal* ♦ Textgrammatik: Tempora in einem Zeitungstext (Präsens, Perfekt, Präteritum)	♦ Aufforderung / Imperativformen: regelmäßige und unregelmäßige Verben: *du, ihr, Sie, wir; sein* und *haben* ♦ Textgrammatik: Tempora in einem Zeitungstext: Präsens, Perfekt, Präteritum ♦ Perfekt: *sein* oder *haben* + Partizip Perfekt, Satzrahmen ♦ Formen: Partizip Perfekt aller Verbtypen; besondere Formen von Partizip Perfekt ♦ Textgrammatik: Tempus Perfekt: mündliches Erzählen; Tempus Präteritum in erzählenden Texten ♦ Formen: Präteritum aller Verbtypen
Lernstation 9 Kommunikation im Alltag: Klima – Wetter – Urlaubsgrüße	♦ Komparativformen ♦ *werden* + Adjektiv / *werden* + Komparativ ♦ *werden* + Infinitiv: Prognosen ♦ einfache Vergleiche mit *als* ♦ *wenn*-Sätze, Satzrahmen (*wenn*-Satz Zweitstellung) ♦ Vermutungen (Adverbien) ♦ Präpositionen: lokal, direktional ♦ Fragen, Fragewörter, verkürzte Fragen, ausformulierte Fragen ♦ *nicht / kein …, sondern*	♦ Wortbildung: Zusammensetzungen – Adjektiv + Adjektiv – Adjektiv + Substantiv – Substantiv + Adjektiv – Verb + Substantiv – Zahl + Substantiv (+ Substantiv) Ableitungen: – Substantive und Verben (*das Studium – studieren*) – Substantive und Adjektive (*die Poesie – poetisch*) ♦ Wortfamilien ♦ Präpositionen: lokal, direktional *(Woher?, Wo?, Wohin?)* ♦ Präpositionen: temporal *(Wann?, Seit wann?, Wie lange?)* ♦ Präpositionen: *mit, ohne, für* ♦ *weil*-Sätze, Satzrahmen ♦ *wenn*-Sätze, Satzrahmen

	Kommunikative Einführung und Anwendung in Übungen und Aufgaben	Systematisierung / Bewusstmachung
Lernstation 10 Kommunikation im Alltag: Stadt – Land – Fluss	Weitere Präpositionen: lokal, direktional ♦ Modalverb *müssen*, Satzrahmen ♦ *Wohin? – zum, zur* ♦ Wünsche: *Ich möchte …; Ich hätte gern …* ♦ Vergleiche mit *als, (nicht) so wie* ♦ *je – desto* ♦ Genitiv	♦ Vergleiche: Komparativ, Superlativ (adverbial) ♦ Modalverben: *dürfen, können, müssen, wollen, sollen,* Satzrahmen ♦ Possessiv-Artikel: Singular und Plural, *sein – ihr* ♦ Pronomen: *eine – keine – meine –* usw. ♦ Deklination: Genitiv ♦ Fragen und Antworten im Nebensatz: *ob, dass*

Dimensionen und das Sprachenlernen und -lehren

„Sprachverwendung – und dies schließt auch das Lernen einer Sprache mit ein – umfasst die Handlungen von Menschen …"
– so drückt der *Gemeinsame europäische Referenzrahmen für Sprachen* (Europarat, Berlin / München 2001, S. 21) das aus, was auch im Zentrum von **Dimensionen** steht.

Es geht beim Erlernen der deutschen Sprache nicht lediglich darum, eine bestimmte Menge von Wortschatz und Grammatikregeln zu lernen. Mit jeder neuen Sprache erweitern wir unsere vorhandenen Fähigkeiten, die Welt in ihrer Vielfalt und Verschiedenheit zu entdecken und uns in ihr zu bewegen. Dazu braucht man natürlich Vokabeln und Grammatik; dazu gehört aber auch die Fähigkeit, sprachlich zu interagieren, Texte zu verstehen und zu produzieren, Strategien einzusetzen, um das, was wir sagen wollen, auch zu sagen. Vielfältige Fähigkeiten müssen beim Sprachenlernen weiterentwickelt werden. Das funktioniert nicht in einem linearen, bei allen Lernenden in der gleichen Weise ablaufenden Prozess, der durch eine entsprechende Grammatik-Progression (zum Beispiel vom Einfachen zum Schwierigeren kleinschrittig fortschreitend) vorhersehbar gesteuert wird, sondern: **Sprachenlernen geschieht auch assoziativ, individuell gesteuert und „unvorhersehbar".** Neugier, die Anregung, möglichst früh selbst auf Entdeckungsreise in der und mit der neuen Sprache zu gehen, beflügeln diesen Sprachlernprozess. Er kann durch vielerlei Maßnahmen gestützt und gefördert werden, dazu gehören – neben dem Input von Wortschatz, Aussprache und Grammatik mittels Texten und Aufgaben – in hohem Maße das Wecken von Interesse, Motivation, Aktivierung der Lernenden durch unterschiedlichste Impulse.

Das **Tun**, das **Handeln**, das **Sprachkönnen** stehen im Zentrum unserer heutigen Auffassung von Sprache. Das bedeutet aber auch, dass der Deutschunterricht vielfältige Gelegenheit geben muss, in der Sprache zu handeln, sie zu verwenden, die verschiedenen

Dimensionen unserer Sprachfähigkeit zu entfalten und dabei Erfahrungen mit vielfältigen kommunikativen Aktivitäten zu machen.

Ziel eines solchen kommunikativen, handlungsorientierten Sprachunterrichts sind **nicht** perfekte Sprecher / Schreiber, sondern Deutschlernende, die ihr eigenes Profil in der Fremdsprache entwickeln mit ihren besonderen Stärken (Können) und Schwächen („Fehler"), ihren Interessen und Vorlieben in und an der Sprache (mündlich / schriftlich), Deutschlernende auch, die lernen, ihren Lernprozess bewusst wahrzunehmen und zu akzeptieren. Vor allem aber sind das Ziel Lernende, die es wagen, die Sprache zu gebrauchen, die Freude daran gefunden haben, mit ihrer neuen Sprache neue Zugänge zur Welt zu entdecken.

Zu einem solchen Programm gehören **Lehrende, die ihre Lerner als unterschiedlich Lernende** akzeptieren, die sich verstehen als Begleiter der Lernenden auf ihrem Lernweg und nicht als „Korrekturmaschine". Natürlich wollen Lernende auch korrigiert werden und sie wollen wissen, was richtig ist. Vor allem aber freuen sich Sprachlernende, wenn sie ermutigt werden, wenn Unterricht sie herausfordert, wenn ihre Lehrerinnen und Lehrer ihnen etwas zutrauen. Eine neue Sprache sprechen heißt, ein Wagnis eingehen – Lernende brauchen Lehrerinnen und Lehrer, die sie auf diesem Weg begleiten und ermutigen, die ihnen Wege in die neue Sprache zeigen, ohne jeden Schritt vorauszuplanen, so dass keine eigenen Entdeckungen mehr möglich sind. Sie brauchen Lehrende, die nicht jeden Fehler „aufspießen", so dass die Lernenden kaum wagen, den Mund aufzumachen.

Ein zweites Zentrum unseres Verständnisses von Sprache ist **der Text**. Sprache tritt selten in Form isolierter Wörter oder Sätze auf: Texte (gesprochene wie auch geschriebene) bilden den Anlass für sprachliche Aktivitäten, erlauben es, dem Funktionieren von Sprache auf die Spur zu kommen, und schließlich sind Texte auch das Ergebnis sprachlicher Handlungen (zu diesem Verständnis von Texten und sprachlichen Aktivitäten vgl. den *Gemeinsamen europäischen Referenzrahmen für Sprachen*, Europarat 2001, S. 21 ff.). Für den Sprachunterricht bedeutet das, dass sich die Auswahl von Wortschatz und Grammatik an dem orientiert, was zum Verstehen oder Produzieren von konkreten Texten in bestimmten Lebensbereichen erforderlich ist.

Dimensionen geht davon aus, dass Lernende schon Erfahrungen mit Sprache(n), aber auch Neugier und Interesse mitbringen, d. h. **Dimensionen** versucht, von Anfang an mit der deutschen Sprache neue Erfahrungen zu verknüpfen. Den Ausgangspunkt bilden authentische Texte, das Ziel bildet die Fähigkeit, selbst Texte zu produzieren. Damit das gelingt, werden den Texten ihre Geheimnisse entlockt, durch Herausfiltern bestimmter Elemente, durch Übungen, Wortschatz, Grammatik – aber das Ziel, dass daraus wieder neue, eigene Texte entstehen, bildet die Perspektive dieser Detailarbeit. Insofern verfolgt **Dimensionen** bei aller notwendigen sprachlichen Feinarbeit einen „globalen Ansatz", versucht sehr früh, die Lernenden zu befähigen, komplexe Texte zu verstehen und interessante sprachliche Aufgaben zu lösen.

Dem *Gemeinsamen europäischen Referenzrahmen für Sprachen* folgend (S. 92 f.), sind in **Dimensionen** phonetische Fertigkeiten die Grundlage für das Sprechen und Hören als kommunikative Sprachprozesse. Der Sprachklang hat im Alltag grundlegende Bedeutung, denn er überträgt die sprachlichen Inhalte. Oft wird die Bedeutung eines Wortes oder einer Äußerung erst durch die entsprechenden phonetischen Merkmale erkennbar, z. B. unterscheiden sich im Deutschen *Staat* und *Stadt* durch die Vokallänge, *umfahren* und *umfahren* durch die Betonung, die Äußerungen *Ich, nicht du! – Ich nicht, du!* durch die Gliederung. Der Sprachklang unterstützt die Verständigung außerdem durch wichtige zusätzliche Informationen, z. B. über die emotionale Beteiligung und die Einstellung des Sprechenden zum Gespräch und zum Gesprächspartner, auch über seine regionale und soziale Herkunft, seine Bildung.

Kurz: In der gesprochenen Sprache muss der Klang „stimmen“, deshalb hat er in **Dimensionen** auch einen besonderen Stellenwert. Starke Klangabweichungen beim Sprechen sowie ungenügende Hörfertigkeiten können die Verständigung erschweren. Sie können zu Missverständnissen oder zu einem veränderten Gesprächsablauf führen (z. B. wenn Nachfragen notwendig sind), sie können bei wiederholten Kommunikationsproblemen bei Lernenden Sprechhemmungen hervorrufen, und sie können die Beziehungen zwischen den Gesprächspartnern negativ beeinflussen.

Dimensionen geht davon aus, dass eine gute Aussprache nicht nur für die Verständlichkeit von Bedeutung ist. Sichere phonetische Grundlagen (Kenntnisse und Fertigkeiten) sind zudem eine wichtige Voraussetzung für das (verstehende) Hören, das (freie) Sprechen, das Lesen und das Schreiben in der Fremdsprache Deutsch. Eine gute Aussprache ist darüber hinaus für die Sprechweise der Lernenden – wie für den Unterricht und auch für die Lehrenden – ein Qualitätsmerkmal.

Dimensionen orientiert sich am *Gemeinsamen europäischen Referenzrahmen für Sprachen* – das gilt insbesondere für die Berücksichtigung der Mehrsprachigkeit, der Interkulturalität und die Befähigung zum autonomen Lernen. Der *europäische Referenzrahmen* formuliert als grundsätzliches Lernziel die „kommunikative Handlungsfähigkeit“; **Dimensionen** bietet für die Erreichung dieses Ziels kommunikative Aufgaben, mit denen die Lernenden ihr sprachliches Können erweitern. Ab **Dimensionen, Lernpaket 2** werden die Lernenden auch die Möglichkeit haben, ihren Sprachlernerfolg mit Hilfe von „Ich kann“-Beschreibungen entsprechend den im *europäischen Referenzrahmen* formulierten Niveaustufenbeschreibungen A 1 und A 2 selbst zu überprüfen.

Allerdings geht **Dimensionen** in vielfältiger Weise über diese Niveaustufenbeschreibungen hinaus: Gibt man authentischen Texten, relevanten Themen und Inhalten Vorrang, so wird das, was Lernende können, von Anfang an reicher. Auf der Niveaustufe A 1, für die der *europäische Referenzrahmen* ohnehin nur wenige Deskriptoren vorgibt, haben wir daher auf die Formulierung solcher Kann-Beschreibungen verzichtet. Hinzu kommt, dass Sprachunterricht gerade auf der Anfangsstufe ja auch keineswegs nur auf ziel- und zweckorientiertes Lernen ausgerichtet sein sollte. Der sprachliche Anfangsunterricht muss dazu beitragen, dass Sprachlernmotivation entsteht, dass sich Neugier auf die neue Sprache und die mit ihr zu entdeckende Welt entwickelt – hier liegt ein besonderer Schwerpunkt von **Dimensionen**.

Der *europäische Referenzrahmen* selbst plädiert in diesem Sinne für ein breites Sprachlernangebot jenseits enger, linearer Mess-Skalen:

„Lernfortschritt ist nicht nur einfach das Vorankommen auf einer vertikalen Skala. Es gibt keinen zwingenden logischen Grund dafür, dass Lernende sämtliche niedrigeren Stufen einer Teilskala durchlaufen müssen. Sie können auch ‚zur Seite hin‘ Lernfortschritte machen (…), indem sie ihre Sprachkompetenz verbreitern, statt immer nur in der gleichen Kategorie voranzukommen. Umgekehrt zeigt der Ausdruck, seine Kenntnisse vertiefen‘ an, dass man durchaus das Bedürfnis verspüren kann, an irgendeiner Stelle den Zugewinn im pragmatischen Bereich auf ein solides Fundament zu stellen.“

Gemeinsamer europäischer Referenzrahmen für Sprachen: lernen, lehren, beurteilen.
Berlin / München: Langenscheidt 2001, S. 28 / 29

Dimensionen: Perspektive der Lernenden

1. Mehrsprachigkeit

Die Deutschlernenden bringen bereits eigene Erfahrungen mit Sprache in den Deutschunterricht mit. Sie haben (schulische) Erfahrungen im Umgang mit ihrer Muttersprache, viele haben bereits Englisch oder eine andere Fremdsprache gelernt und lernen Deutsch nun als zweite oder dritte Fremdsprache. In einer immer stärker vernetzten Welt wissen sie meist auch einiges über die deutschsprachigen Länder, auf dem man aufbauen kann. An dieses Vorwissen wird in **Dimensionen** immer wieder angeknüpft, in Lernstation 2 zum Beispiel können die Lernenden in einem landeskundlichen Spiel ihr ganzes Wissen über die deutschsprachigen Länder mobilisieren.

Das Einbeziehen vorhandener Sprachkenntnisse, der Vergleich mit anderen Sprachen (Muttersprache / bereits gelernte andere Fremdsprachen) ist sowohl inhaltlich-thematisch als auch grammatisch ein wesentliches Element, das sich durch alle Lernstationen zieht. So wird zum Beispiel schon in Lernstation 1 auf die Verwandtschaft ähnlich lautender Wörter in verschiedenen Sprachen aufmerksam gemacht oder werden die Lernenden in Lernstation 3 dazu aufgefordert, das deutsche System der Personalpronomen mit dem System der Personalpronomen in ihrer und / oder einer anderen Sprache zu vergleichen. Die Muttersprache oder andere zuvor gelernte Sprachen sollen also nicht krampfhaft aus dem Unterricht verbannt, sondern zu gezielten Vergleichen herangezogen werden. Beim „Austausch in der Klasse" über Recherche-Ergebnisse oder bei inhaltlichen Diskussionen können natürlich auch andere Sprachen außer Deutsch verwendet werden. Dabei könnte zum Beispiel auch die sogenannte „rezeptive Mehrsprachigkeit" praktiziert werden, bei der Lernende und Lehrende in verschiedenen Sprachen kommunizieren, wobei nicht alle Lernenden alle verwendeten Sprachen produktiv beherrschen, sie aber jeweils rezeptiv verstehen. Das heißt zum Beispiel: Die einen sprechen sehr gut Englisch und verstehen Spanisch, das sie aber nicht so gut sprechen; die anderen sprechen gut Spanisch, aber nur schlecht Englisch, das sie jedoch gut verstehen. (Diese Art der Kommunikation findet man heutzutage immer häufiger bei internationalen Workshops.)

2. Interkulturelles Lernen

Wer Deutsch lernt, schaut mit „fremden Augen" auf die deutsche Sprache und den deutschsprachigen Raum, eine Fremdsprache lernen i s t interkulturelles Lernen. Das betrifft sowohl die Inhalte wie auch den Wortschatz und die Grammatik. **Dimensionen** greift diese Aspekte immer wieder auf. So ist z. B. der Vergleich des Systems der Personal- und Anredepronomen in Lernstation 3 nicht nur linguistisch zu verstehen, sondern auch interkulturell interessant, als Beispiel seien hier das Portugiesische und das Englische genannt. Im Portugiesischen stehen dem deutschen du / Sie drei Anredeformen gegenüber, im Englischen nur eine. Diese unterschiedlichen Möglichkeiten der Anrede sind auch der Ausdruck für unterschiedliche Kommunikationsrituale, die bei dieser Gelegenheit zur Sprache kommen können.

Bei der Auswahl der Inhalte für **Dimensionen** haben wir versucht, uns diesen „fremden Blick" auf die **D-A-CH**-Länder zu Eigen zu machen. Das konnte uns vielleicht deshalb umso eher gelingen, weil wir selbst jeweils aus einem der drei deutschsprachigen Länder stammen und in den jeweils anderen Ländern genug „Merk"würdiges und Fremdes vorfanden.

Im „Interkulturellen Fenster" schließlich ist der Ort, wo interkulturelle Themen explizit erarbeitet und diskutiert werden. Bei dem Gespräch über diese Inhalte ist die Verwendung der Muttersprache oder einer anderen Sprache, in der die Lernenden gut kommunizieren können, legitim.

3. Lernen mit allen Sinnen – verschiedene Lerntypen

Wir kommunizieren nicht nur mit Hilfe von Sprachlauten – parasprachliche Elemente (Betonung, Pausen, Veränderung der Stimme, plötzliches Verstummen, Verlegenheitslaute) und nonverbale Mittel (Mimik, die Art des Blickkontakts, Gestik, Ganz-Körpersignale, der Anblick, den das Gegenüber bietet) sind ebenso wichtig, alle Sinne sind beteiligt. Auch das Erlernen einer Sprache ist mit dem Gesamtkontext, mit Klang, Rhythmus, Situation, Stimmung, Visuellem und Emotionen verknüpft – vieles trägt dazu bei, dass wir uns etwas einprägen, dass unsere Erwartungen fokussiert, unsere Aufnahmefähigkeit gesteigert und die Lernmotivation verstärkt werden. Dabei gibt es große individuelle Unterschiede, was wie auf jemanden wirkt; es ist daher wichtig, dass für verschiedene Lerntypen entsprechende Angebote gemacht werden. In **Dimensionen** werden Texte, Aufgaben und Übungen mit Spiel und Bewegung, mit Visuellem, mit Stimmung und Gefühl, mit Musik und Kunst verknüpft. Aber natürlich gibt es auch Regeln, Tabellen und Systematisierungen.

In der Tabelle auf S. 18 finden Sie einfache Beschreibungen verschiedener Lerntypen für einen kleinen Test mit Ihren Deutschlernenden. Wir schlagen Ihnen vor, nach Lernstation 3 ein Arbeitsblatt für die Lernenden vorzubereiten: Löschen Sie die Spaltenüberschriften und lassen Sie die Lernenden in allen Spalten ankreuzen, was für sie zutrifft. (Bei Sprachanfängern könnten Sie eine vereinfachte Version in der Muttersprache der Lernenden herstellen.) Auf diese Weise erhalten Sie ein „Lerntypen-Profil" Ihrer Lerngruppe und die Lernenden können selbst entdecken, welche Lernaktivitäten ihnen am besten entsprechen. Wenn in der abschließenden Besprechung die Lerntypen genannt werden, wird deutlich, dass Lerntypen in der Regel nicht isoliert, sondern in vielfältiger Weise gemischt und kombiniert vorkommen.

Auditive Lerntypen	**Visuelle Lerntypen**	**Taktil-motorische Lerntypen**	**Verbal-logische Lerntypen**	**Gesprächstyp ↔ Einzelkämpfer** (soziale Komponente)
■ singen gerne und lieben Musik ■ hören gerne Geschichten ■ lernen leicht auswendig ■ können sich Namen und Fakten gut merken ■ bewegen während des Lesens und Schreibens die Lippen ■ arbeiten gerne mit Hörtexten ■ haben oft eine gute Aussprache ■ lernen leichter, wenn sie Texte lesen und hören können ■ …	■ schauen gerne Bilder an ■ lesen gerne ■ legen Wert auf eine angenehme (ästhetische) Lernumgebung ■ sprechen auf ästhetische Gestaltung an ■ schreiben sich viel auf ■ arbeiten gerne mit Farbmarkern ■ lernen leichter, wenn Bild und Text kombiniert sind ■ eher ganzheitlicher Zugang zu Texten ■ …	■ bewegen sich gerne beim Lernen (herumlaufen usw.) ■ unterstützen das Lernen gerne mit den Händen ■ benutzen die Hände beim Sprechen ■ arbeiten gerne mit verschiedenen Materialien / Karten / Pinnwand (schneiden, kleben usw.) ■ rhythmisieren gerne (klopfen, klatschen usw.) ■ packen gerne zu ■ eher ganzheitlicher Zugang zu Texten ■ …	■ gehen gern systematisch vor ■ mögen Übersichten und Tabellen ■ möchten immer alles genau wissen ■ lösen gerne Rätsel ■ lernen gerne Regeln ■ können gut anderen etwas mit Worten erklären ■ schlagen jedes Wort im Wörterbuch nach ■ eher analysierender Zugang zu Texten ■ …	*Gesprächstyp* ■ lernen nicht gern allein ■ üben gern zu zweit oder zu dritt ■ entwickeln Gedanken im Dialog mit anderen ■ teilen Erfolge gern mit anderen ■ kämpfen bei Wettbewerben gern im Team ■ … *Einzelkämpfer* ■ arbeiten lieber allein ■ machen nicht gerne Rollenspiele ■ legen Wert auf persönliche Leistung ■ …

4. Wachsende Selbstständigkeit beim Deutschlernen

Zu den Zielen eines modernen Deutschunterrichts gehört es auch, **das Lernen zu lernen**. Dabei sollen bereits vorhandene Sprachlernerfahrungen aufgegriffen und das Lernen weiterer Sprachen vorbereitet und erleichtert werden. In **Dimensionen** werden deshalb **Lernstrategien und Lernwege reflektiert**: Mithilfe vorbereitender Übungen und struktureller Hinweise entdecken die Lernenden selbst Lernstrategien und Regeln und lernen Fehler selbst zu korrigieren. Einen besonderen Schwerpunkt bilden in **Dimensionen 1** die Lesestrategien: Lesekompetenz für fremdsprachige Texte wird Schritt für Schritt aufgebaut. Damit sollen die Lernenden befähigt werden, die Lesestrategien, die sie an konkreten Texten erfahren (e r l e s e n) und geübt haben, bei zukünftigen Texten bewusst anzuwenden. Ziel der Betonung von Lesestrategien in **Dimensionen 1** ist es, den Lernenden zu zeigen, wie sie von Anfang an die eigenen Ressourcen für das Verstehen fremdsprachiger Texte mobilisieren können, anstatt an einzelnen, unbekannten Wörtern zu „kleben". Häufig klagen die Lehrenden darüber, dass es ihnen nicht gelingt, die Lernenden vom „Wort-für-Wort-Lesen" in der Fremdsprache abzubringen, obwohl sie in der Muttersprache verschiedene Lesestrategien automatisch anwenden. In **Dimensionen** wird versucht, diese Lesestrategien in die Fremdsprache zu übertragen.

Aufbau von Lesekompetenz in **Dimensionen 1**: Lesestrategien

Lernstationen	**Magazin**	**Lesestrategie**
S. 51	S. 24/25	Die Lernenden entdecken als Hilfe beim Leseverstehen andere Sprachen; Reflexion: **Wie** verstehe ich einen Text? Ergebnis: Es gibt Hilfsmittel.
S. 52/53	S. 26–29	Zusammenspiel von Bild und Text: In den Bildern ist schon die ganze Geschichte enthalten (Hypothesen bilden, spekulieren, Bild und Text zusammenbringen).
S. 55	S. 30/31	Bekanntes in einer großen Textmenge identifizieren.
S. 79	S. 36/37	Aufgabe lösen mit Hilfe von Mehrsprachigkeit. (Alternative: Bild anschauen und fragen: Was ist da wohl drin – was zeigt das Bild? Überprüfen am Text.)
S. 80	S. 38/39	Einzelne Merkmale beachten, aufeinander beziehen und Intuition einsetzen: Man kann den Inhalt in etwa erahnen, wenn man schon einiges über das Thema weiß.
S. 93	S. 40/41	Aus einer großen Textmenge nur 2–3 Informationen heraussuchen.
S. 108	S. 45	Reflektieren über Leseweg: Wie bewegen sich die (meine) Augen über einen Text, um die wichtigsten Informationen zu erfassen?
S. 119	S. 57	Lesestrategien und Aufgaben zuordnen. Welche Aufgabe wird mit welcher Lesestrategie am besten gelöst?
S. 144 ff.		1. Wesentliche Inhaltspunkte eines Textes erfassen, auch wenn große Teile des Textes „abgedeckt", d.h. unbekannt sind (Verstehensinseln maximal nutzen). 2. Verschiedene Personen lesen verschieden und verstehen Unterschiedliches. Der Austausch über das Gelesene hilft Verstehenslücken schließen.

Unter dem Stichwort „Aktivitäten: Wählen Sie!" werden in allen Lernstationen Übungsreihen angeboten, aus denen die Lernenden in Gruppen oder in Partnerarbeit – anfänglich sicher mit Hilfe der Lehrperson – Übungen auswählen können. Voraussetzung dafür ist, dass sie die Übungen erst einmal durchlesen, erkennen, was und wie hier geübt werden soll, und dass sie darüber sprechen. Diese Art der Beschäftigung mit den Übungen bewirkt ein tieferes Verständnis des Übungsmaterials und der darauf folgenden Lernaktivitäten und führt zu begründeten Entscheidungen und besserem Lernerfolg. Natürlich können auch je nach Zeit und Bedarf alle Übungen in dieser Rubrik gemacht werden.

Wenn den Lernenden Wahlangebote im Übungsbereich schon vertraut sind, gehen wir in **Dimensionen, Lernpaket 2** noch einen Schritt weiter: Gemäß der Forderung, die Interessen der Lernenden besser zu berücksichtigen, werden in den Lernstationen 6, 7 und 10 thematische Unterrichtseinheiten zur Wahl angeboten. Hier sollen und können die Lernenden einen thematischen Schwerpunkt auswählen und in Gruppen bearbeiten. Dabei können sie weitgehend ihre Arbeitsweise selbst bestimmen. Danach werden sie aufgefordert, ihre Ergebnisse den anderen Gruppen zu präsentieren und zu erklären (siehe die ausführliche Beschreibung der „Wahlangebote" auf S. 35 f.).

Sehr früh schon werden die Lernenden auch dazu angeleitet, bestimmte Informationen im Wörterbuch zu suchen und dort zu erkennen, z. B. Artikel und Plural der Substantive, verschiedene Verbformen. Das soll natürlich nicht heißen, dass die Lernenden ständig im Wörterbuch blättern sollen; es ist aber auch nicht sinnvoll, das Wörterbuch gänzlich aus dem Unterricht zu verbannen, denn das Wörterbuch ist ein wichtiges Hilfsmittel und sein sinnvoller Gebrauch sollte von Anfang an geübt werden.

Ein wichtiger und für manche sicher ungewohnter Schritt auf dem Weg zu selbstständigerem Arbeiten ist es, wenn die Lernenden auch dazu aufgefordert werden, selbst Übungen zu entwerfen. In **Dimensionen, Lernpaket 1** handelt es sich dabei meist um die Aufforderung, mit Hilfe des Computers Texte zu manipulieren, indem immer wieder neue Lückentexte erstellt, ausgedruckt und den anderen zum Ergänzen vorgelegt werden.

Für Übungen mit eindeutigen Lösungen (wie z. B. Übungen zum Ankreuzen, Lückentexte u. ä.) gibt es im Anhang der Lernstationen einen Lösungsschlüssel zur Selbstkorrektur. Diese Selbstkorrektur sollte ermutigt werden, sie entlastet den Unterricht. Nachfragen Einzelner, die vielleicht die eine oder andere Lösung nicht verstehen, sollten zunächst an die anderen Lernenden delegiert werden. Oft können Lernende ihren Mitlernenden etwas besser erklären, außerdem erhöht es die Selbstständigkeit der Gruppe.

5. Die Lernenden als „Sucher, Finder und Entdecker"

Die Verwendung authentischer Texte und reichhaltiger Bildmaterialien bringt es mit sich, dass die Lernenden häufig dazu aufgefordert werden, aus einem größeren Angebot bestimmte Informationen herauszusuchen oder Lösungen für ein Problem zu erarbeiten.
Mit der Aufforderung „Spielen Sie Detektiv!" und „Spekulieren Sie!" werden die Lernenden zu Suchern und Findern, die ihre persönlichen „Fundstücke" dann den anderen vorstellen und erklären. Auch die Rubrik „Finden Sie die Regel" appelliert an den Spürsinn und die Entdeckerlust der Lernenden. Die dafür notwendige „Sprachaufmerksamkeit" sollte gezielt gefördert werden. Aber auch ohne Aufgabenstellung gibt es in Texten und Bildern genügend zu entdecken. Die Lernenden sollten immer wieder genug Zeit bekommen, allein, zu zweit oder in kleinen Gruppen im Magazin zu stöbern und interessante Details aufzuspüren.

6. Sozialformen: Partnerarbeit, Arbeit in Mini-Gruppen, Austausch in der Klasse, Einzelarbeit

Partnerarbeit, Arbeit in Mini-Gruppen und darauf folgender Austausch in der Klasse wird bei vielen Aufgaben explizit empfohlen. Es handelt sich dabei meist um offenere, kommunikative Aufgaben, die sich besonders für den Austausch über unterschiedliche Ergebnisse und Meinungen eignen, bei denen Prozess und Kommunikation im Vordergrund stehen und nicht fertige Lösungen. Nach den Teilergebnissen in der Gruppe geht es im „Austausch in der Klasse" darum, die Zwischenergebnisse zu vergleichen, zu bestätigen und Gesamtergebnisse zu sichern. Team-Arbeit, gemeinsames Lernen und voneinander Lernen, Gruppenaustausch, Gruppenergebnisse, Austausch in der Klasse sind wesentliche Merkmale der in **Dimensionen** vorgeschlagenen Unterrichtsaktivitäten. Das fördert nicht nur die sprachliche Kommunikation, sondern es ist auch gut für das Wir-Gefühl in der Klasse und für die Gruppendynamik. Darüber hinaus macht das gemeinsame Arbeiten und Lernen – so unsere Überzeugung – auch mehr Spaß, und Freude und Spaß an der Sache erhöhen die Motivation und damit den Lernerfolg.

Es gibt in **Dimensionen** allerdings auch Übungen, bei denen keine Angaben über die Arbeitsform gemacht werden, so dass hier „Einzelkämpfer" zu ihrem Recht kommen können. In der Tat ist es so, dass manche Lernende aufgrund ihrer bisherigen Spracherfahrungen gar nicht so besonders gerne mit einem Partner oder einer Gruppe zusammenarbeiten. Es gilt, ihnen bei entsprechenden Übungen die Vorteile dieser Arbeitsformen nahe zu bringen und ihnen zu helfen, diese Arbeitsformen gewinnbringend mitzugestalten. Vorteile von Partnerarbeit und Arbeit in Mini-Gruppen sind:

- Die Lernenden können wirklich miteinander kommunizieren.
- Die Redeanteile des / der Einzelnen werden erhöht. Das ist wichtig und positiv, selbst wenn dabei Fehler gemacht werden, da der Mut überhaupt zu sprechen, dadurch gestärkt wird.
- In der Kleingruppe trauen sich viele Lernende eher, Fragen zu stellen und um Erklärungen zu bitten als vor der ganzen Klasse.
- Auch eher zurückhaltende Lernende, die sich scheuen, vor der ganzen Klasse zu sprechen, kommen hier zum Sprechen.
- Partnerarbeit und Arbeit in Mini-Gruppen sind Rezepte gegen Langeweile und „Einschlafen" im Unterricht.
- Unterschiedliches Wissen, Vorwissen, unterschiedliche Perspektiven werden eingebracht.
- Kontakt und Austausch werden intensiver.
- Die Selbstständigkeit der Lernenden wird gefördert.

Während der Partnerarbeit und der Arbeit in Mini-Gruppen kann die Lehrperson still von Gruppe zu Gruppe wandern, auf individuelle Fragen antworten, die einzelnen Teams beobachten und sich eventuell Notizen über beobachtete Probleme und Fehler machen, die später in der Klasse besprochen werden sollen. Von Zeit zu Zeit sollte die Lehrperson die Gruppen auch völlig unbehelligt lassen.

7. Eigenproduktionen sammeln

In **Dimensionen** arbeiten die Lernenden oft produktorientiert: Sie erstellen Klassenlisten, Poster, Collagen. Sie schreiben verschiedene Texte und Gedichte, führen Umfragen in der Klasse durch, entwerfen Übungen für die anderen, gestalten Rollenspiele, üben szenisches Spiel usw. Diese Eigenproduktionen sind wichtiger Bestandteil des Lernmaterials und sollen gesammelt und ausgestellt werden, gesprochene Texte sollten regelmäßig auf einer Klassenkassette dokumentiert werden. Auf diese Weise wird der Lernfortschritt festgehalten und für alle sichtbar.

Ein wichtiger Bestandteil des vom Europarat empfohlenen und in vielen Ländern inzwischen eingeführten **Europäischen Sprachenportfolios** ist das **Dossier**, in dem die Lernenden eigene Arbeiten sammeln können, um zu zeigen, welche produktiven Leistungen sie in ihren verschiedenen Sprachen erbracht haben. Die durch die Arbeit mit **Dimensionen** entstandenen Eigenprodukte können ein Bestandteil eines solchen Dossiers sein.

8. Lernerfolge lustvoll erfahren

Jede Lernstation enthält am Ende einen „10-Minuten-Parcours“, der in kleinen Gruppen „durchlaufen“ werden soll. Dabei handelt es sich um spielerische „Testhäppchen“, die im Team ein Erfolgserlebnis vermitteln können. In diesen Tests geht es nicht darum, das Wissen der einzelnen Lerner zu prüfen, nicht um Vollständigkeit, um Perfektion, um tierischen Prüfungsernst, sondern um ein gemeinsames, lockeres Wiederholen der Lerninhalte, um gegenseitige Unterstützung (die Schwächeren lernen von den Stärkeren), um Spiel und Spaß im Wettstreit mit den anderen Gruppen. Natürlich darf auch im Buch geblättert werden, um eine Lösung aufzufinden, natürlich wird der Parcours öfters länger als 10 Minuten dauern. Ein Element der Schnelligkeit, Zügigkeit, Spontaneität sollte aber auf jeden Fall enthalten bleiben, und der Parcours sollte immer in einer vergnüglichen, entspannten Atmosphäre stattfinden und nicht zu einem mühsamen Abarbeiten werden. Deshalb sollte der Parcours auch nicht als Test mit Benotung verwendet werden.

Die Überprüfung der Parcours-Resultate findet in der gemeinsamen Besprechung im Austausch in der Klasse statt. Dabei wird deutlich, wo Lücken und Unsicherheiten bestehen, wo noch einmal nachgearbeitet werden muss. Die Lösungen des Parcours haben wir nicht in den Lösungsschlüssel aufgenommen, da sie im Unterricht besprochen werden sollen. Einige Hinweise finden Sie in den Hinweisen zu den Lernstationen (ab S. 40).

Wenn Sie es in bestimmten Situationen für wünschenswert halten, können Sie natürlich auch eine Liste mit den Lösungen zur Selbstkorrektur der Lernenden austeilen.

9. Reflexion – Ihr Lernweg

Jede Lernstation schließt mit einer „Reflexion der Lerninhalte“ und einem Überblick über den „Lernweg“ ab. In dieser Reflexionsphase werden einige persönliche Schwerpunkte im Sinne eines Lerntagebuchs festgehalten: *Das habe ich gelernt. – Das habe ich gern gemacht. – Das hat mir besonders gefallen. – Das war neu für mich.* Bei der ersten Lernstation muss dieser Baustein gemeinsam in der Klasse besprochen und ausgefüllt werden. Später können die Lernenden diesen Teil selbstständig, aber in der Diskussion mit anderen, in Partnerarbeit oder Mini-Gruppen ausfüllen. Auf jeden Fall sollte das Lerntagebuch als Klassenaktivität regelmäßig besprochen werden. Dabei kann ein Klassenprofil „Das haben *wir* schwer / leicht gefunden. – Das haben *wir* gern gemacht." aus den Einzelaussagen zusammengefügt werden, eventuell mit Aushang an der Wand.

Die Lernenden werden in dieser Reflexionsphase auch dazu aufgefordert, einen persönlichen Wortschatz aufzubauen („besonders nützliche Wörter" und „Lieblingswörter"). In den Lernstationen selbst ist der Platz hierfür beschränkt, es empfiehlt sich daher, dafür eine eigene Rubrik im Vokabelheft oder in der Wortschatzkartei zu schaffen. „Klassenlieblinge" können in einem Umschlag gesammelt und dieser könnte an der Wand aufgehängt werden. Ebenso kann man mit „ungeliebten Wörtern", zum Beispiel mit Wörtern, die man sich besonders schwer merken kann, verfahren. Die Inhalte der beiden Umschläge sollten regelmäßig überprüft werden: „Lieblingswörter" haben vielleicht nach einiger Zeit ihren besonderen Reiz, ungeliebte Wörter ihren Schrecken verloren.

Die Haltestelle „Ihr Lernweg" gehört ebenfalls zur Reflexionsphase. Er bietet in gestraffter Form einen Überblick über die in der Lernstation durchgeführten Arbeitsschritte. Die Fragen, die hier im Vordergrund stehen, lauten: „Was haben wir eigentlich gemacht?" und „Wie haben wir es gemacht?". Die Lernenden werden aufgefordert, ihren Lernweg noch einmal Schritt für Schritt nachzuvollziehen und ganz konkret mit einem Stift in dem vorgegebenen Raster nachzuzeichnen. Bei Wahlangeboten können hier individuelle oder Gruppenlernwege sichtbar werden.

Mit der „Reflexion" und den „Lernwegen" wird der Lernfortschritt (im doppelten Sinne) als Grundlage für das weitere Lernen bewusst gemacht; es entsteht ein je eigenes Lernprofil, das wiederum auch in das **Sprachenportfolio** eingeheftet werden kann.

Dimensionen: Perspektive der Lerninhalte

1. Magazin und Lernstationen

„Magazin" und „Lernstationen" bilden zusammen ein thematisch aufgebautes **Lernpaket**. Ein **Lernpaket** enthält eine Reihe von Materialien, Lernimpulsen, Haltestellen, Wegstrecken; mit Hilfe entsprechender Aufgaben werden Impulse gegeben, Sprachlernprozesse ausgelöst und zu bestimmten Zielen geführt. Jedes Paket enthält auch Angebote, aus denen man wählen oder die man weiter ausbauen kann.

Bilder, Texte, Spiele zu den behandelten Themen finden Sie im **Magazin**. In anregender, magazinartiger Aufmachung erhalten die Bilder und Texte viel Raum und eine eigene ästhetische Qualität. Während in den klassischen Lehrwerken das Bild- und Textangebot auf seine Sprachlehrfunktion reduziert und sofort funktionalisiert wird, können Bilder und Texte im Magazin ihren ursprünglichen Charakter behalten und beim Blättern und Anschauen von den Lernenden als authentische, selbstständige Bild- und Textbeispiele aus dem deutschen Sprachraum erfahren werden. Im Magazin gibt es keine Übungen und keine Grammatik.

Das Gestaltungsprinzip des Magazins ist die Doppelseite als bildlich-thematische Einheit. Hier geht es um Freude am vielfältigen, bunten, fantasievoll in Szene gesetzten Material, das einlädt zum Betrachten, zum Verweilen, zum Blättern und zu eigenen Erkundungen und Entdeckungen. Die unbearbeiteten Materialien sind reichhaltig, sie bieten einen „Mehrwert", nicht alles, was hier angeboten wird, wird 1:1 im Unterricht umgesetzt: Was mit den Materialien geschehen soll, wird über die Aufgaben in den Lernstationen definiert. Mehr sollte dann zum gegebenen Zeitpunkt nicht damit gemacht werden. Später kann mit weiteren Aufgaben erneut darauf zurückgegriffen werden. Um den Einstieg ins Magazin für die Lernenden, die ja noch kein Deutsch können, lustvoll zu gestalten, eröffnet es mit einem Bild-Editorial, das einige Stationen auf dem Weg zur Realisierung von **Dimensionen** zeigt. Das klassische „sprachliche" Inhaltsverzeichnis wurde auf S. 71 verbannt.

In den **Lernstationen** (Band 1: Lernstationen 1–5; Band 2: Lernstationen 6–10) gibt es verschiedene „Haltestellen" (Abschnitte), von hier aus wird die konkrete Arbeit im Unterricht organisiert. Es gibt thematische Haltestellen, Haltestellen zu Phonetik, zur Grammatik, zu interkulturellen Betrachtungen, zur Überprüfung und zur Evaluation des Gelernten. In den Haltestellen findet man die Übungen zu den Redemitteln und zur Grammatik, die Lernstrategien, Tabellen usw. Verweise schaffen die Verbindung zum Magazin, zu den Tonträgern und zum Internet (siehe dazu Punkt 8, S. 37). Sie enthalten auch die Lernziele (Inhaltsübersicht) und – in den Übungsanweisungen selbst – die für die jeweiligen Übungsziele besonders geeigneten Sozialformen. (Zum detaillierten Aufbau der Lernstationen siehe die Darstellung auf S. 7.)

2. Die Progression

Die Progression ist themen-, situations-, und textgeleitet, d. h. sie wird aus Themen, Situationen und Texten entwickelt und nicht aus einer vorneweg aufgestellten, isolierten Grammatik-Progression. Viele, sogar eine ganze Reihe neuerer Lehrwerke, sind nach einer von den Lehrwerkautoren zu Beginn aufgestellten Grammatik-Progression aufgebaut, nach dem Motto: Hier ist das grammatische System, jetzt suchen wir uns die passende Sprache. Das führt dann häufig dazu, dass die Autoren die Texte nach ihren eigenen grammatischen Vorgaben gleich selber schreiben. Allerdings sind sie geschickter als früher, als die Grammatik noch recht unverhüllt das Gerüst der Lehrwerkstexte bildete, das ein wenig mit „Stoff" ummantelt wurde. Angesichts der nun schon langjährigen Forderung der Fachdidaktik nach der Verwendung authentischer Texte in Lehrwerken ist diese Entwicklung doch erstaunlich.

In **Dimensionen** haben wir versucht, den umgekehrten Weg zu gehen: Die Sprache ist ja da – suchen wir sie auf, suchen wir geeignete Themen, Äußerungen, Texte, Texte im weitesten Sinne. Das können auch (gesprochene) Texte sein, die in der Reaktion auf Gesehenes, auf Bilder, Menschen, Gegenstände usw. entstehen. Und schauen wir, was in diesen Texten drinsteckt an möglichen Aufgaben, an Wortschatz, an Grammatik und holen wir es heraus! Die Aufgabe lautete also: Von Anfang an möglichst natürliche, authentische Sprechimpulse, Texte, Aufgaben, Bilder usw. ins Lehrwerk hereinzuholen und die Grammatik aus ihnen herauszuholen. (siehe dazu auch Abschnitt B auf S. 26).

Von Anfang an also wird in **Dimensionen** mit „reichen", authentischen, größeren und kleineren Lese- und Hörtexten gearbeitet, an denen bestimmte Aufgaben durchgeführt werden. In diesen authentischen Materialien erfahren die Lernenden die fremde Sprache „so, wie sie ist", wie sie ihnen in der deutschsprachigen Realität begegnen kann. **Dimensionen** bietet geeignete Texte auch für den Anfängerunterricht, dazu wurden Aufgabenstellungen entwickelt nach dem Motto „Es kommt nicht auf den Text an, sondern darauf, was man damit macht."

So gibt es zum Beispiel bereits in Lernstation 3 einen längeren unbearbeiteten Lexikonartikel, der nur auf eine bestimmte Fragestellung hin betrachtet und an dem eine bestimmte Lesestrategie erprobt wird. Zu einem späteren Zeitpunkt kann man auf diesen Text zurückkommen.

A: Die Themen der ersten 10 Lernstationen

(An dieser Stelle werden die Themen nur kurz genannt. Nähere Ausführungen finden Sie in den Hinweisen zu den einzelnen Lernstationen ab S. 40.)

Dimensionen, Lernpaket 1

Lernstation 1 – Kontakte

- beginnt – wie könnte es anders sein – mit der persönlichen Kontaktaufnahme, wie sie überall in den ersten Unterrichtsstunden stattfindet.

Lernstation 2 – Reise durch D-A-CH und andere Länder

- bringt die Lernenden in einem landeskundlichen Spiel zusammen: Fremdheit und Berührungsängste können spielerisch abgebaut, Lust auf das gemeinsame Lernen kann aufgebaut werden.

Lernstation 3 – Alles Mozart ... und mehr

- macht Leben und Musik von Wolfgang Amadeus Mozart zum Ausgangspunkt verschiedener Lernwege hin zu Grammatik, grenzüberschreitender Landeskunde, Wirtschaft und Werbung. Dabei spielen inhaltliche, ästhetische und emotionale Aspekte, Musik und Kunstbilder eine wichtige Rolle.

In **Lernstation 4 – Kommunikation im Alltag: Zahlen – Daten – Fakten**
und **Lernstation 5 – Kommunikation im Alltag: Wann? Wohin? Mit Wem?**

- geht es um „Kommunikation im Alltag", d.h. um den Erwerb sprachlicher Mittel, die man beim Leben in den deutschsprachigen Ländern oder im Kontakt mit Deutschsprachigen für die sprachliche Bewältigung von Alltagssituationen braucht.

Dimensionen, Lernpaket 2

Lernstation 6 – Mitten in Europa

- zeigt die deutschsprachigen Länder als Teil Europas und der europäischen Union. Der Blick geht auch hinaus in den Weltraum.

In **Lernstation 7 – Urlaub & Reisen**

- geht es, wie der Titel schon sagt, um die bei Deutschlernenden beliebten Themen Urlaub und Reisen. Thematische Wahlangebote bieten die Möglichkeiten zur Differenzierung je nach Interessen verschiedener Gruppen in der Klasse.

In **Lernstation 8 – Oben in den Bergen – Unten am Meer**

- stehen der Alpenraum, an dem jedes der deutschsprachigen Länder seinen Anteil hat, ein Märchen vom Meer und eine erste Bedeutungscollage im Mittelpunkt.

In **Lernstation 9 – Kommunikation im Alltag: Klima – Wetter – Urlaubsgrüße**
und **Lernstation 10 – Kommunikation im Alltag: In der Stadt – auf der Bank** ...

- geht es wieder um die „Kommunikation im Alltag" in Bezug auf die in den vorangegangenen Lernstationen bearbeiteten Themen. Auch hier gibt es verschiedene Wahlangebote.

Neben einer Vielzahl unterschiedlichster Bildmaterialien enthält **Dimensionen** eine Fülle unterschiedlicher Textsorten.

Hier die schriftlichen Textsorten in **Dimensionen, Lernpaket 1**:
Mehrsprachige Packungsbeilage von Pralinen, Comic-Geschichte, Fotoroman, Lexikon-Biografie, Werbe-Aufkleber, Rezept, Bucheinbände, Zeitungstexte, Glückwunschkarten, Glückwünsche in der Zeitung, Auszug aus einem Sachbuch, Kurzgeschichte, Veranstaltungskalender, Schülertexte, so genannte Migrantenliteratur (Auszug), Gedichte, Spielanleitung, Sprüche, Anzeige für Wertpapiere, Beschwerdeformular, Formular einer Fototasche, Lottozettel, Fahrplanauszug, Brief, Grußkarte.

Gehörte Textsorten in **Dimensionen, Lernpaket 1**:
Interviews, Bahnauskunft, Theaterauskunft, Arztauskunft, Gedichte, Brief, Kinoprogramm, Kommentierung eines geschriebenen Textes, Lottoansage, Reiseführer, Musik, Lied.

B: Grammatik

1. Wo?

Die Grammatik finden Sie in **Dimensionen** in drei Präsentationsformen:

- kommunikativ erübt und geübt als integrierter Bestandteil des Sprachlernprozesses,
- systematisch und bewusst gemacht im Abschnitt „Wie funktioniert die Sprache?",
- in der „Grammatik-Nachlese" (S. 180 ff.), in der alles, was in den Lernstationen erarbeitet wurde, noch einmal in Grammatikübersichten zusammengestellt ist.

Die Grammatik-Nachlese ist vor allem zum Nachschlagen und zur systematischen Orientierung gedacht.

2. Wie?

Die Grammatikschwerpunkte der Lernstationen werden aus den Themen, Situationen und Texten entwickelt; in unterschiedlichsten Übungen (von rezeptiv bis produktiv, mündlich oder schriftlich) werden Wortschatz und Grammatik für kommunikative Zwecke verfügbar gemacht. Am Ende stehen häufig Produkte der Lernenden: Formulare, Listen, Texte, Bilder, Poster usw.

Diesen Weg vom „Text" zum „Text" zeigt die folgende Darstellung (nach Krumm. In: J. Dahl / B. Weis: Grammatik im Unterricht. Goethe-Institut: München 1998, S. 9).

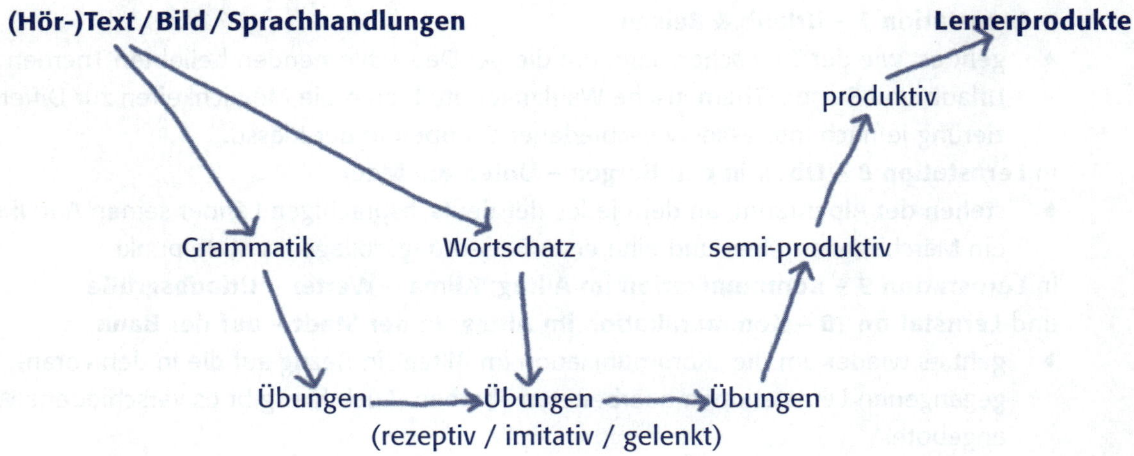

Die Erarbeitung der Grammatik entwickelt sich in Form eines Mosaiks: Verschiedene Stücke formen nach und nach ein Ganzes. Der kommunikativen Einführung (in Texten, Übungen und Aufgaben, beim Umgang mit Bildern usw.) folgt die Systematisierung in den Abschnitten „Wie funktioniert die Sprache?". Bei der kommunikativen Einführung liefern unter anderem „**Grammatikboxen**" sofort benötigte Strukturmittel, Systematisches holen Sie sich bei Bedarf aus dem Abschnitt „Wie funktioniert die Sprache?" oder aus der „Grammatik-Nachlese" heraus. Sie entscheiden flexibel über Zeitpunkt und Umfang der Systematisierung.

Bei der Bewusstmachung der Grammatik werden die Lernenden immer wieder aufgefordert, die Regel herauszufinden – „Finden Sie die Regel" – und mit anderen Sprachen (Muttersprache / andere Sprache/n) zu vergleichen.

3. Was?

Wie die Grammatikschwerpunkte sich über die einzelnen Lernstationen in **Dimensionen**, **Lernpaket 1** und **2** verteilen, zeigen die Übersichten auf den Seiten 8–13. Die Übersichten zeigen, dass grammatische Elemente, die in **Dimensionen**, **Lernpaket 1** noch nicht abschließend dargestellt sind, in **Dimensionen**, **Lernpaket 2** weitergeführt und abgerundet werden.

Wenn man die Grammatik aus Themen, Texten, sprachlichen Äußerungen entwickelt (siehe den Abschnitt „Progression", S. 24), ergibt sich eine Grammatik-Progression, die für manche ungewohnt sein mag. So werden einzelne grammatische Phänomene, die bei einer herkömmlichen Grammatik-Progression (nach systematischen Kriterien) eventuell schon sehr früh behandelt werden, in **Dimensionen** erst später systematisiert, dafür aber schon längst kommunikativ verwendet. Das gilt zum Beispiel für die Akkusativ-Ergänzung mit dem bestimmten und dem unbestimmten Artikel. Sie ist implizit in den Übungsanweisungen *(Lesen Sie den Text. Hören Sie die Beispiele. Ziehen Sie eine Linie.)* immer dabei, wird auch von der Lehrperson häufig verwendet, aber von den Lernenden nicht aktiv gefordert. Diese gewöhnen sich unmerklich an diese Formen, von denen sowieso nur der Akkusativ maskulin *den / einen* erklärungsbedürftig ist, bei *die / eine* und *das / ein* ändert sich im Akkusativ nichts: Es ist also gar nicht notwendig, lange darüber zu reden. Wenn die Lernenden selbst in diesem Stadium Subjekt-Objekt-Sätze aktiv gebrauchen, kann es natürlich oder wird es bei maskulinen Substantiven Fehler geben. Dann kann man die Form in Verbindung mit den Beispielen im Buch kurz erklären. Aber die Fehler werden auch gemacht, wenn der Akkusativ frühzeitig grammatisch eingeführt wird. Es empfiehlt sich, solche Fehler, die die Kommunikation nicht behindern, zunächst auch gelassen zu tolerieren; Fehler-Toleranz ist ein wichtiges Unterrichtsprinzip: Wer eine Sprache lernt, wer ermutigt wird, sich in der neuen Sprache auszudrücken (und das ist ein wichtiges Anliegen von **Dimensionen**) macht Fehler.

In **Dimensionen 1** wird die Akkusativ-Ergänzung in Lernstation 4 explizit mit dem Personalpronomen eingeführt (in Lernstation 3 implizit), wodurch der Subjekt-Objekt-Bezug unmittelbar klar wird. Mozart und Aloisia: *Er liebt **sie**. Sie liebt **ihn** nicht.* Der Vergleich mit anderen Sprachen, z. B. Englisch, kann helfen: Auch im Englischen gibt es ja beim Personalpronomen eine besondere Form für den Subjekt-Objekt-Bezug: *He loves her. She loves him.* Wenn es dann situativ / kommunikativ erforderlich ist, dass die Lernenden Übungsanweisungen selbst formulieren (z. B. in **Lernstation 6**, in der Haltestelle „Voneinander lernen"), ist schon klar, was eine Akkusativ-Ergänzung ist. Der Subjekt-Objekt-Bezug kann vom Personalpronomen leicht übertragen werden, die Formen *den / einen* erfordern keinen großen Erklärungsaufwand (die feminine und die neutrale Form bleiben ja unverändert).

Ähnliches gilt für die Bewusstmachung der trennbaren Verben, die im Rahmen der Übungsanweisungen den Lernenden schon längst vertraut sind, bevor sie „problematisiert" werden (siehe dazu „Wortschatz", S. 30).

Wichtige grammatische Schwerpunkte in den ersten Lernstationen bilden die Wortstellung im Satz und variable Satzanschlüsse. Von Anfang an werden zahlreiche Übungen zur Wortstellung angeboten und wird die Wortstellung im Satz deutlich gemacht. Dabei stehen zunächst die variablen Satzteile auf Position 1 (vor dem Verb) und Position 3 (nach dem Verb) und die Stellung des konjugierten Verbs im Mittelpunkt der Aufmerksamkeit. Bekanntermaßen liegt hier für zahlreiche Deutschlernende eine besondere Schwierigkeit und Fehlerquelle. Visuell wird die Arbeit an den Wortstellungsregularitäten durch den rollenden „Grammatik-Container-Zug" unterstützt. Während der „Energie-Container" Verb (gelb, mit „Stromsymbol") im Aussagesatz immer an zweiter Stelle (oder bei zweiteiligen Verben mit einem weiteren Energie-Container am Satzende) fährt, können die „Container" davor und dahinter auf-, ab- und umgeladen werden.

Natürlich soll diese Symbolik weder wortwörtlich verstanden noch überstrapaziert werden, sie ist nicht mehr und nicht weniger als ein didaktisches Hilfsmittel, um bestimmte Satzregularitäten mit einem starken visuellen Eindruck zu verknüpfen.

Sehr früh schon werden textgrammatische Elemente eingeführt, wie z. B. „Referenzen im Text" oder „variable Satzanschlüsse".

4. „Ideologie" und Terminologie

Die Grammatikarbeit in **Dimensionen** orientiert sich an den Interessen der Lernenden und an keiner bestimmten linguistischen Theorie. Die Frage, die wir uns immer gestellt haben, lautete: Welche Bearbeitung und / oder Darstellung eines grammatischen Phänomens nützt den Lernenden am meisten, um das, was sie für die Erreichung bestimmter funktionaler und kommunikativer Ziele brauchen, zu verstehen, zu lernen, zu behalten und zu gebrauchen. Dabei wird das grammatische Phänomen meist in Form einer Übung aktiv erarbeitet, dabei erkannt und schließlich benannt („Finden Sie die Regel.") Die systematische Darstellung, sei es in „Wie funktioniert die Sprache?" oder in der „Grammatik-Nachlese" schließt die Arbeit ab.

Für die Beschreibung des Satzes orientieren wir uns an einer vereinfachten Dependenz-Verb-Grammatik (Verb als Zentrum des Satzes), unterscheiden jedoch nicht zwischen Angaben und Ergänzungen, da diese Unterscheidung vor allem für Grundstufenlernende keine Rolle spielt. In der Terminologie, soweit sie unvermeidlich ist, orientieren wir uns an häufig verwendeten „traditionellen" Begriffen, die auch im Zertifikat Deutsch gebraucht werden. Für die aufs Verb bezogenen („vom Verb abhängigen") Satzergänzungen verwenden wir einerseits den Begriff „Subjekt", der vielen Lernenden aus dem Englischen bekannt ist, andererseits den Begriff „Ergänzung" (also: Akkusativ-Ergänzung, Dativ-Ergänzung, Lokal-Ergänzung usw.).

In der Genusdarstellung folgen wir der Reihenfolge, die im Zertifikat Deutsch zu finden ist: *die, der, das (sie, er, es)*. Dass *der* und *das*, *ein* und *ein* in Deklinationstabellen nebeneinander stehen sollten, da maskuline und neutrale Formen einige gemeinsame Deklinationssignale haben und diese Gemeinsamkeiten das Lernen erleichtern können, ist inzwischen in der Fachdidaktik generell akzeptiert. In Deklinationstabellen in neueren Lehrwerken und Grammatiken findet man deshalb häufig die Reihenfolge *der, das, die*. Warum aber sollen nun die femininen Formen ganz am Schluss stehen? Die im Zertifikat vorgeschlagene Reihenfolge *die, der, das* gefiel uns besser.

C. Wortschatz

Der Wortschatz, der in **Dimensionen, Lernpaket 1** und **2** präsentiert und geübt wird, ergibt sich aus den gewählten Themen, Situationen, Texten, er deckt einen großen Teil des Zertifikatswortschatzes ab. Es gibt über den Zertifikatswortschatz hinaus eine Reihe von Wörtern, die eng mit den Themen verknüpft sind und deshalb auch relativ häufig verwendet werden, z. B. das Wort „Kutsche". Die Kutsche spielte in Mozarts Leben eine wichtige Rolle: Mozart ist mit der Kutsche durch ganz Europa gereist und hat dabei etwa drei Jahre seines Lebens in der Kutsche verbracht. Da das Leben Mozarts in Lernstation 3 in einem Mozart-Comic erzählt wird und in verschiedenen Aufgaben und Übungen Aspekte seines Lebens aufgegriffen werden, kommt das Wort Kutsche in **Dimensionen, Lernpaket 1** häufiger vor. Aktuelle landeskundliche Relevanz hat das Wort dadurch, dass Kutschfahrten in den Innenstädten großer europäischer Städte, wie zum Beispiel Prag, Budapest und Wien beliebte touristische Attraktionen darstellen.

Der Zertifikatswortschatz wird in der alphabetischen Wort-SCHATZ-liste (ab S. 222 in den **Lernstationen**) besonders gekennzeichnet. Hinweise auf unterschiedlichen Wortschatz im deutschsprachigen Raum findet man in den Lernstationen in den sogenannten **D-A-CH**-Boxen. In **Dimensionen, Lernpaket 1** und **2** handelt es sich meist um „Wortgleichungen", d. h. es werden zunächst keine weiteren Differenzierungen angeboten, die sich hinter der Oberfläche der Wörter verbergen. So fällt einem Deutschen in Österreich z. B. auf, dass eine ärztliche „Ordination" (der Ort, wo der Arzt oder die Ärztin Patienten empfängt) häufig eine eher wohnliche, ja privat wirkende (Wohnzimmer-)Atmosphäre hat, während eine „Arztpraxis" in Deutschland meist klinisch, hygienisch rein und unpersönlich wirkt. Es wäre interessant, hier nach unterschiedlichen Konzepten zu fragen, zum Beispiel, ob der Patient in der Ordination (A) sich in der freundlichen Atmosphäre zunächst einmal vor allem wohlfühlen soll, während die Arztpraxis (D) vor allem Professionalität und perfekte Hygiene signalisieren soll. Zu fragen wäre auch, ob das unterschiedliche „Ambiente" schlicht etwas mit der Höhe des Einkommens von Ärzten im jeweiligen Gesundheitssystem zu tun hat, denn die „klinische" Ausstattung erfordert höhere Investitionen. Für Lernende der Grundstufe ist es jedoch höchstens wichtig, zu wissen, dass sie in Österreich nach einer „Ordination", in Deutschland und in der Schweiz nach einer „Praxis" suchen müssen, wenn sie einen Arzt brauchen. Dasselbe gilt für die Begriffe „Notarzt" (D und CH) oder „Rettung" (A) bei Unfällen und viele andere Begriffe. Welche Wörter aktiv gelernt werden, das hängt vom Interesse der Lerngruppe und vom Unterrichtsort ab. So kann eine Lerngruppe in Ungarn durch die Nähe zu Österreich sich möglicherweise besonders für österreichischen Wortschatz interessieren und lernt deshalb die Grußformeln „Baba" oder „Servus" (Lernstation 1), während eine Lerngruppe in Deutschland oder in Singapur diese Wörter überhaupt nicht beachtet. Auf keinen Fall ist beabsichtigt, dass „drei verschiedene Wortschätze" gelernt werden. Wer allerdings die Prüfung zum Zertifikat Deutsch ablegen möchte, braucht Teile des **D-A-CH**-Wortschatzes für die rezeptiven Anteile der Prüfung (Zertifikat Deutsch: Lernziele und Testformat, Abschnitt 353 Anhang zu den Wortlisten, S. 259 ff.).

Wortschatz wird in **Dimensionen** intensiv geübt. Meist wird er bereits bei der Texterschließung oder bei der Entwicklung von Grammatik übend erarbeitet, anschließend in unterschiedlichen Übungssequenzen aufgegriffen, weiterbearbeitet, weitergeübt und erweitert. Gezielt aufgegriffen und geübt wird neuer Wortschatz der Lernstationen dann auch im Abschnitt „Wie klingt die Sprache?", diesmal unter phonetischen Gesichtspunkten. Im Abschnitt „Wie schreibt man das?" werden die Wörter dann noch einmal herangenommen und unter orthographischen Gesichtspunkten betrachtet.

Wichtig ist, dass die Lernenden aus den Wörtern in den Lernstationen eine persönliche Auswahl treffen, einen „persönlichen Wortschatz" aufbauen. Zu diesem Zweck gibt es im Baustein „Reflexion" den Impuls, „nützliche Wörter" und „Lieblingswörter" zu notieren. Solche Wörter können für jede/n Einzelne/n je nach Interesse und beruflicher Orientierung ganz unterschiedliche Wörter sein.

Der Wortschatz von **Dimensionen** umfasst auch Anteile an fachlichem Wortschatz aus Wirtschaft und Handel: So führt die Verknüpfung von Mozarts Leben mit der Vermarktung seines Namens für den Tourismus automatisch zum Wortschatz von Werbung und Marketing.

Der Wortbildung wird schon in **Dimensionen**, **Lernpaket 1** große Aufmerksamkeit gewidmet (Lernstationen 3 und 5). Dies entspricht der Tatsache, dass der deutsche Wortschatz durch Zusammensetzung immer wieder neue Begriffe zu bilden imstande ist, dadurch wächst und sich verändert. So haben wir zusammengesetzte Wörter auch in den ersten Lernstationen keineswegs vermieden, sondern machen stattdessen früh auf verschiedene Formen der Wortbildung bei Adjektiven und Substantiven aufmerksam.

Viele der in verschiedenen Lernstationen vorkommenden zusammengesetzten Substantive können Sie in der Wort-SCHATZ-liste gebündelt vorfinden. Nutzen Sie die Wortliste, um diese Wörter mit den Lernenden aufzusuchen und die verschiedenen Formen und Bedeutungen zu besprechen. Solche Beispiele sind Zusammensetzungen mit „Arbeit", „Auto", „Geburt-" u. a. Die Wortliste kann man auch für verschiedene Wortschatzrecherchen nutzen, zum Beispiel:

- Aufsuchen von Wortfamilien (Beispiel: aktiv, Aktivität, aktivieren),
- Heraussuchen von Wortschatz zu verschiedenen Bereichen: zum Beispiel Musikwörter; Wörter, die Gefühle bezeichnen; Wörter aus der Wirtschaft; Wörter der „Unterrichtssprache", wie sie in den Arbeitsanweisungen verwendet werden (verschiedene Gruppen bearbeiten mehrere Buchstaben, danach Austausch in der Klasse),
- Adjektive heraussuchen und zusammenstellen,
- Verblisten aus „einfachen Verben" und aus „Verben aus zwei Teilen / trennbaren Verben" zusammenstellen. Die trennbaren Verben laufen in **Dimensionen 1** zunächst kommunikativ mit (siehe auch Lernstation 2, S. 40), in **Dimensionen 2** werden sie explizit behandelt. Lehrende, die die trennbaren Verben schon früher bewusst machen möchten, können dies mit Hilfe der Übungsanweisungen und der Wort-SCHATZ-liste tun. Dort findet man die Infinitiv-Form und die dritte Person Präsens des Verbs, z. B.: *ankreuzen, sie kreuzt an; nachsprechen, sie spricht nach*. Die Lernenden könnten solche Verben in Partnerarbeit heraussuchen und mit Hilfe der Seitenverweise Textbeispiele in den Lernstationen finden, z. B.: *ankreuzen, sie kreuzt an,* 1, 7 (Lernstation 1, Seite 7). Mit dem Grammatik-Container-Zug kann die Wortstellung sichtbar gemacht werden.

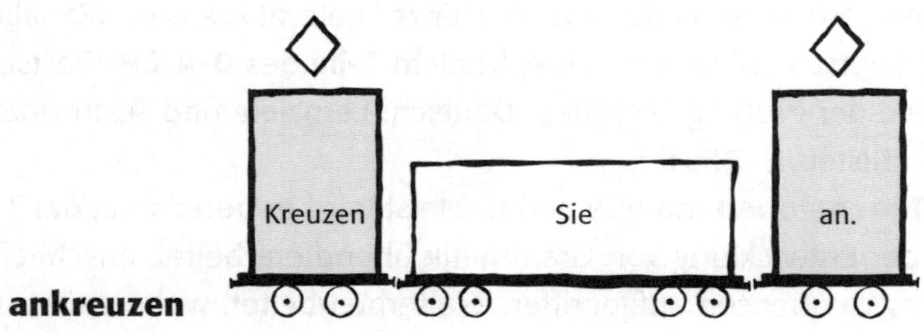

3. D-A-CH: Der deutschsprachige Raum

Aus der Perspektive der Lernenden und vieler Unterrichtender steht der gesamte deutschsprachige Raum „in der Mitte Europas" im Zentrum des Interesses. Und so geschieht auch die Annäherung an diesen Raum in **Dimensionen**. Deutschland, Österreich, die deutschsprachige Schweiz und Liechtenstein erscheinen in dieser Perspektive nicht als Abweichung von einem primär gesetzten Deutschland, sondern der deutschsprachige Raum erscheint als ein Sprachraum mit markanten Unterschieden, aber auch mit Gemeinsamkeiten. Regionale und länderspezifische Phänomene werden dabei auch in Beziehung zueinander gesetzt und von Anfang an in allen Bereichen berücksichtigt: sprachlich (**D-A-CH**-Box: Wortschatz, Grammatik), phonetisch (**D-A-CH**-Phonetik: Aussprache), sowie in der Wahl der Themen, Schauplätze und landeskundlichen Besonderheiten. Es gibt also keine Sonder- oder Unterkapitel zur Landeskunde des einen oder anderen „nachgeordneten" Landes. Da es unmöglich und auch gar nicht notwendig ist, in einem Grundstufenlehrwerk die komplette und komplexe Wirklichkeit dieser Länder abzubilden, haben wir, ganz subjektiv, Ausschnitte gewählt, die uns für uns selbst und die Lernenden und Lehrenden interessant und „merk"-würdig genug erschienen, um erwähnt oder gezeigt zu werden. Die Größe der Länder im Verhältnis zueinander war dabei kein entscheidendes Kriterium. So mögen für manche, die die Anzahl der Seiten zählen, im Vergleich zur Größe der Bundesrepublik Deutschland Österreich und die Schweiz überproportional vertreten sein. Aber was für die 16 deutschen Bundesländer gilt, die ja schon so unterschiedlich sind, dass es unmöglich ist, allen in einem Deutschlehrwerk gerecht zu werden, gilt auch für die 26 Schweizer Kantone und die 9 Bundesländer Österreichs: Mit jedem Land kann man ein Deutschlehrwerk füllen und mehr. (Sicher gilt das weniger für das nur 160 km^2 große Liechtenstein, das in **Dimensionen** insgesamt auch seltener vorkommt.)

Was die sprachlichen Varietäten betrifft, so ist klar, dass niemand nun „dreierlei Deutsch" lernen muss. Wichtig ist, dass die Lernenden nicht erst bei einer Reise in die Schweiz, nach Sachsen oder Tirol von der innersprachlichen Verschiedenheit des Deutschen eingeholt und erschreckt werden, sondern dass sie diese durch Hör- und Lesetexte – also rezeptiv – im Unterricht kennen lernen (etwas Ähnliches kennen die meisten auch aus den eigenen Sprachen). Dabei soll ihnen vermittelt werden, dass es sich bei den österreichischen, den deutschen und den Schweizer Standard-Varietäten um gleichwertige Varietäten einer plurizentrischen deutschen Sprache handelt.

Die besondere Sprachsituation in der Schweiz, die Diglossie in der deutschsprachigen Schweiz:

Die Schweiz wird manchmal (auch von uns hier in diesem Heft) zusammen mit Deutschland und Österreich etwas unpräzis zu den deutschsprachigen Ländern gezählt. Sie nimmt dabei aber aus zwei Gründen eine Sonderstellung ein, einmal wegen der Mehrsprachigkeit (es gibt vier Landessprachen: Deutsch, Französisch, Italienisch, Rätoromanisch) und zum anderen wegen der Stellung des Dialekts. In der deutschsprachigen Schweiz wird nämlich bis auf wenige Ausnahmen (z. B. im Bundesparlament, in Vorlesungen an der Universität) immer Dialekt gesprochen; geschrieben aber wird der Schweizer Standard des Deutschen. Die schweizerischen Dialekte sind also keine Soziolekte. Die Grenze zwischen gesprochenem Dialekt und gesprochenem Schweizer Standard lässt sich vielleicht so erklären: Die Nachrichten im öffentlichen Deutschweizer Radio und Fernsehen werden im Allgemeinen auf Hochdeutsch gelesen, in den regionalen Sendestationen dagegen im Dialekt gesprochen. Talkshows, Interviews, Magazinsendungen laufen jedoch auch in den öffentlichen Sendern praktisch immer im Dialekt ab. In allen alltäglichen kommunikativen mündlichen Situationen verwenden Schweizerinnen und Schweizer Dialekt. Geschrieben wird dagegen praktisch ausschließlich Hochdeutsch. Allerdings findet man seit einiger Zeit geschriebenen Dialekt auch in kleineren Anzeigen, auf Postkarten, in E-Mails, SMS (= Short message service; Handybotschaften) und anderen kurzen Nachrichten. Diese Situation in der deutschsprachigen Schweiz nennt man „mediale Diglossie".

In **Dimensionen** finden Sie den Schweizer Standard immer wieder in authentischen Texten aus Zeitungen und der Literatur, aber auch in den Hörtexten. Dialekt finden Sie in kurzen schriftlichen und mündlichen Texten und Aussagen. Damit sollen die Lernenden auf den speziellen Klang des Deutschen in der Schweiz sensibilisiert werden. Dialekt soll aber nicht aktiv gelernt werden.

Es sei an dieser Stelle noch einmal auf die Schweizer Besonderheit hingewiesen, dass es generell kein ß gibt: Wo in Deutschland und Österreich ß geschrieben wird, wird im Schweizer Standard immer ss geschrieben (siehe Lernstation 1, S. 11). Texte aus der Schweiz werden in **Dimensionen** original abgedruckt.

(Literaturhinweis: Peter Sieber (2001): Das Deutsche in der Schweiz. In: Deutsch als Fremdsprache. Ein Internationales Handbuch. 1. Halbband. Berlin: de Gruyter, S. 491–504.)

4. Hörmaterialien

Dimensionen legt großen Wert auf eine angemessene Entwicklung produktiver *und* rezeptiver Fertigkeiten, deshalb spielt auch das Hörtraining eine große Rolle. Neben den zu erwerbenden Standardformen werden situative, individuelle, emotionale und regionale Klangvarianten präsentiert, die das Hörvermögen systematisch erweitern und zugleich landeskundlich interessant sind: Es gibt ein reichhaltiges Angebot von Hörtexten aus verschiedenen Regionen Deutschlands, Österreichs und der deutschsprachigen Schweiz.

Viele Übungen zu Wortschatz und Grammatik werden auch zum Hören (und Nachsprechen) angeboten, ebenso die Lösungen bestimmter Übungen (z. B. bei den Übungen in der Haltestelle „Wie schreibt man das?"). Bei letzteren wird besonders der Zusammenhang zwischen Klang und Schriftbild geübt. In all diesen Fällen hören die Lernenden ein überregionales Standarddeutsch, wie man es in Fernsehen und Rundfunk in den Nachrichtensendungen in **D-A-CH** hört. Auch ist die Sprechweise in diesen Übungen didaktisch bedingt verlangsamt und sehr deutlich. Es gibt aber auch zahlreiche Interviews und Gespräche mit Sprecherinnen und Sprechern aus verschiedenen Regionen der deutschsprachigen Länder, es gibt Radiofeatures und Nachrichtensendungen, „Lesungen" von Gedichten und literarischen Texten. Diese authentischen Hörtexte werden mit natürlichem Sprechtempo und oft auch regional gefärbter Aussprache gesprochen. Dabei kommt es vor, dass die Lernenden mit Texten konfrontiert werden, die sie zunächst vielleicht aufgrund der Geschwindigkeit und der inhaltlichen Dichte überraschen mögen. Für diese Texte aber gibt es spezifische Aufgaben: Entweder soll der Inhalt nur global erfasst werden (globales Hören) oder es sollen aus dem Textganzen gezielt nur bestimmte Wörter oder Informationen herausgehört werden (selektives Hören). Diese Aufgaben können ohne Probleme gelöst werden, mehr wird zunächst nicht gefordert. Dabei gilt, wie auch bei anderen Aufgaben, dass Gespräche in der Gruppe über das Gehörte sehr nützlich sind: Drei hören und verstehen mehr als der/die Einzelne.

Verschiedene Hörstrategien werden gezielt geübt. Dabei werden dieselben Hörtexte mehrmals gehört. Hier eine Auswahl der angewandten Hörstrategien in Lernstation 3.

Lernstation 3	Hörtext	Hörstrategie
S. 49	Hörtext 23	**Selektives Hören:** Die Lernenden hören verschiedene Äußerungen. Sie sollen ihre Aufmerksamkeit nur auf drei Wörter fokussieren und notieren (Strichliste), wie oft sie diese Wörter hören.
S. 77	Hörtext 35	**Globales Hören:** Die LD werden aufgefordert, drei übergreifende Inhaltsfragen zu einem längeren Hörtext zu beantworten: – Worum geht es? (Thema) – Wer spricht? (Sprecher) – Wo? (Ort)
S. 78	Hörtext 35	**Selektives Hören:** Die LD hören noch einmal den Text, an dem sie gerade globales Hören geübt haben. Die Aufgabe besteht nun darin, aus einer Liste von Wörtern (die sie vorher durchgelesen haben), diejenigen anzukreuzen, die in dem Text vorkommen.
S. 80/81	Hörtext 36	**Ungeordnet hören:** Die Lernenden hören ein „rockiges" Lied. Sie sollen alle „Textschnipsel", die sie verstehen, notieren, sich darüber in der Gruppe austauschen, die Notizen immer wieder ergänzen.
S. 81	Hörtext 23	**Fortgeschrittenes Hören:** In der ersten Aufgabe zu diesem Hörtext (LS 3, S. 49) sollten die Lernenden darauf achten, wie oft sie drei Wörter hören. Nachdem sie sich nun über einen längeren Zeitraum mit dem Thema beschäftigt haben, hören sie den Hörtext noch einmal und notieren alles, was sie jetzt verstehen, um ihren Lernfortschritt („Hörfortschritt") konkret zu erfahren.

In **Dimensionen** werden also manchmal dieselben Hörtexte mehrmals angeboten, um unterschiedliche Hörtechniken zu üben: Beim ersten Mal soll eine begrenzte Information herausgehört werden, zu einem späteren Zeitpunkt wird der Text mit anderer Aufgabenstellung bearbeitet. So wird Hörtext 23 in Lernstation 3 zu Beginn der Lernstation (S. 49) gehört und am Ende der Lernstation (S. 81) noch einmal. Hier können die Lernenden feststellen, dass sie nun mehr verstehen als am Anfang.

Analytisches Hören, d.h. das Hören lautlicher Unterschiede, findet in der Haltestelle „Wie klingt die Sprache?" statt. (siehe Punkt 5)

5. Phonetik

Behandelt werden in **Dimensionen** für das Deutsche typische und für Lernende verschiedener Ausgangssprachen wichtige phonetische Strukturen und Merkmale. Dazu gehören sprachspezifische Besonderheiten im prosodischen Bereich (Wort- und Satzakzentuierung, Rhythmus, Gliederung, Sprechmelodie) und bei den Vokalen und Konsonanten, die sich von denen in anderen Sprachen in ihrer Zahl und in ihren Artikulationsmerkmalen (z.B. Dauer, Spannung, Zungenstellung, Lippenrundung) unterscheiden. Sie werden zum einen in speziellen Abschnitten der Lernstationen behandelt, sie werden zum anderen in den Übungen immer wieder aufgegriffen. Dieses wiederholte Üben ist notwendig, damit eine erste im Unterricht anzustrebende Stufe für die Aussprache, eine „komfortable" Verständlichkeit, von allen Lernenden erreicht wird.

a. Integrierte Angebote:

Die Hör- und Ausspracheferfertigkeiten lassen sich entwickeln, wenn die Lernenden sensibilisiert und motiviert werden, wenn systematisch geübt und ausreichend automatisiert wird. In **Dimensionen** geben wir dazu vielfach Gelegenheit: Die Phonetik (Aussprache) ist nicht nur Inhalt spezieller Übungen – „Wie klingt die Sprache?" – sie ist auch Unterrichtsprinzip und damit generell integriert: Sie wird in Übungen zum Wortschatz, zur Grammatik, zur Textarbeit aufgegriffen und durch zahlreiche Hörbeispiele unterstützt. In den Ausspracheübungen werden Wörter und Äußerungen der jeweiligen Lernstation verwendet, sie sind also gleichzeitig immer auch Wortschatz-, Grammatik-, Hör- und Leseübungen.

Die Übungsschwerpunkte in **Dimensionen** sind prinzipiell als Angebot zu verstehen: Es muss nicht alles von allen gemacht werden. Je nach Ausgangssprache sollten die Themen gewählt werden, die den Lernenden Schwierigkeiten bereiten.

b. Systematik:

Jede Lernstation behandelt systematisch ausgewählte Schwerpunkte, die für Lernende vieler Ausgangssprachen elementar sind. Die Systematik ergibt sich aus der Bedeutung der Themen für die Kommunikation mit Deutschsprechenden.

	Schwerpunkte in Dimensionen, Lernpaket 1
1 Kontakte	– Lange und kurze Vokale
2 Reise durch **D-A-CH** (und andere Länder)	– Silbe und Akzent – Lange und kurze Akzentvokale – Aussprache von *ch*
3 Alles Mozart ... und mehr	– Akzent in zusammengesetzten Substantiven – Gerundete Vokale
4 Kommunikation im Alltag: Zahlen – Daten – Fakten	– Rhythmus – Konsonanten fortis-lenis – Konsonanten-Kombinationen
5 Kommunikation im Alltag: Wann? – Wohin? – Mit wem?	– Akzent bei Wörtern mit *un-, -ei, -ieren* – E-Laute – Auslautverhärtung
Anhang	Buchstaben und Laute

Zu allen Lernstationen gehören darüber hinaus zwei feste Rubriken:

- **Phonetik-Zuckerl** mit schwierigen Wörtern und Wortgruppen aus der jeweiligen Lernstation zum mehrfachen Hören und Nachsprechen (Automatisieren),
- **D-A-CH-Phonetik** mit kurzen Äußerungen zum Hören und zur (spielerischen) Zuordnung zu Deutschland, Österreich und zur Schweiz. Dabei geht es nicht um die richtige Zuordnung, sondern darum, zu erfahren, dass die Menschen „vor Ort" auch ganz unterschiedlich sprechen, und darum, sich ein wenig einzuhören.

Die Laut-Buchstaben-Beziehungen werden in „Wie schreibt man das?" geübt.

c. Ablauf:

Die Übungen in den Phonetikteilen haben in der Regel folgenden Aufbau:

- einführende Hörübung, oft auch als Hörübung mit Hörkontrolle zur Diskrimination (Unterscheidung) und / oder Identifikation,

- ♦ Automatisierung (Nachsprechen / Lesen),
- ♦ produktive Übungen, oft in Verbindung mit Grammatik- und Wortschatzaufgaben,
- ♦ Anwendung (freies Sprechen).

Teilweise gibt es nach den Hörübungen die Aufgabe, Regeln zu erkennen. Das gehört zur Bewusstmachung, die ergänzt werden kann durch

- Vergleiche zwischen dem Deutschen und der Ausgangssprache, auch mit anderen Fremdsprachen,
- Hinweise zur Lautbildung,
- Hinweise zu den Laut-Buchstaben-Beziehungen.

d. Aussprachestandards und -varianten:
Als Grundform für das Aussprachetraining in **Dimensionen** verwenden wir in Ausspracheübungen und situationsneutralen Hörübungen einen überregionalen, und zwar den sog. norddeutschen Standard. Wir präsentieren außerdem eine Reihe von Aussprachevarianten, denen man im Alltag jederzeit begegnen kann. Sie sind als reine Hörübungen aufzufassen: Sie dienen der Entwicklung des Hörverstehens und tragen zur Herausbildung abstrakter Klangmuster bei. Sie unterstützen gleichzeitig kulturelle und landeskundliche Aspekte. Das sind vor allem

- ♦ überregionale (nationale) Standards des Deutschen in Deutschland, Österreich und der Schweiz (wie sie in den Medien und in der öffentlichen Kommunikation zu hören sind),
- ♦ regionale Varianten (dialektal gefärbte Umgangssprachen aus Deutschland, Österreich und der Schweiz) → **D-A-CH**-Phonetik,
- ♦ verschiedene situationsabhängige Sprechweisen (phonostilistische Varianten), die sich in Aussprachemerkmalen wie Sprechtempo, Lautstärke, Spannung, der Genauigkeit der Lautbildung, dem Ausfall von Endungen usw. voneinander unterscheiden (in einem Vortrag oder beim Vorlesen eines Gedichtes werden andere phonetische Formen verwendet als in einem Unterhaltungsgespräch unter Freunden),
- ♦ emotionale Varianten wie Freude, Ärger, Überraschung,
- ♦ gesungene Sprache, mit im Vergleich zur gesprochenen Sprache grundlegend veränderten phonetischen Merkmalen (wie z. B. Rhythmus, Akzentuierung, Melodieintervalle und -verlauf, Vokallänge),
- ♦ „fremde Akzente",
- ♦ individuelle Besonderheiten einzelner Sprecher.

(Weitere Hinweise zur Phonetik finden Sie auf S. 88 ff.)

6. Wahlangebote – Möglichkeiten zur Differenzierung

In den Lernstationen 1–5 gibt es in der Übungsreihe „Aktivitäten: Wählen Sie!" ein Übungsangebot, aus dem die Lernenden je nach Bedarf, Lust, Lerntyp, Schwierigkeit und Lernstand die eine oder andere Übung auswählen oder auch weglassen können (siehe dazu auch Punkt 4 auf S. 20). Dabei handelt es sich also nicht um ein rein zusätzliches Übungsangebot, sondern um ein Angebot zur Differenzierung. Der Umgang mit diesem Übungsangebot muss gelernt werden. In den ersten Lernstationen müssen die Lehrenden sicher größeren Einfluss auf die Auswahl nehmen, später sollten die Lehrenden den Lernenden mehr Entscheidungsfreiheit überlassen. Natürlich ist es denkbar und häufig auch sinnvoll, dass alle Übungen gemacht werden. Es sollte aber nicht so sein, dass grundsätzlich die Lehrenden bestimmen, was davon gemacht wird. Das Nachdenken über diese „Wahl-Übungen" ist ein wichtiger Schritt im Lernprozess.

Um unterschiedliche Interessen anzusprechen und Schwerpunkte setzen zu können, gibt es ab Lernstation 6 noch umfangreichere Wahlangebote: Die Lernenden können dort zwischen zwei oder drei Themenschwerpunkten auswählen. Zwar gibt es bei diesen Wahlangeboten eine gewisse thematische und sprachliche Parallelität, und die Übungsreihen sind in Umfang und Schwierigkeitsgrad aufeinander abgestimmt, dennoch können die Übungsschwerpunkte unterschiedlich sein. Um wieder auf eine gemeinsame Basis zu kommen, gibt es die Aktivität „Voneinander lernen".

Hier werden die Lernenden zu Lehrenden: Sie präsentieren die Themen, die sie erarbeitet haben, die Ergebnisse, den Lernstoff, die Übungen der jeweils anderen Gruppe in unterschiedlichen Präsentationsformen (Hinweise dazu gibt es in den einzelnen Lernstationen). Das Prinzip „Lernen durch Lehren" (Lernende unterrichten, natürlich mit Unterstützung durch die Lehrperson, die Mitlernenden) ist nicht von uns erfunden worden. Aufbauend auf Arbeiten von Jean-Pol Martin gibt es inzwischen in vielen Ländern Lehrerinnen und Lehrer, die mit diesem Verfahren arbeiten (Homepage und Kontaktnetz http://www.ldl.de/default.htm). Der Gedanke, der dahinter steckt, ist folgender: Wenn der Stoff im Hinblick auf die Vermittlung an die andere Lerngruppe durchdacht werden muss, ergibt sich eine besondere Verarbeitungstiefe, die das eigene Lernen effizienter macht.

7. Spezielle Übungsformen

Auf einige der in **Dimensionen** angebotenen speziellen Übungsformen wurde unter vorangegangenen Stichworten schon hingewiesen, insbesondere auf die verschiedenen Wahlangebote. Erwähnt seien hier noch einmal:

- **Partnerarbeit, Mini-Gruppen, Austausch in der Klasse** (siehe auch Punkt 6 auf S. 21): Diese Sozialformen werden explizit immer dann angegeben, wenn die Übungsinhalte **ausdrücklich in dieser Form** erarbeitet werden sollen, weil das Lernziel es erfordert. Der Austausch in der Klasse schließt dann die Aktivität ab. Keine Angaben haben wir gemacht, wenn es nicht darauf ankommt, wie die Übung durchgeführt wird. Das „solidarische" Arbeiten und Lernen in Gruppen ist ein wichtiger Bestandteil in **Dimensionen**, denn in der Gruppe wird über das Gelernte gesprochen, es finden Klärungsprozesse statt, die Gruppe weiß mehr als der / die Einzelne. Dabei können aus unserer Sicht ruhig andere Sprachen als Deutsch benutzt werden, denn Deutsch ist ja auf jeden Fall das Thema. Bei fortschreitendem Lernniveau soll und wird natürlich auch Deutsch in den Gruppen gesprochen, auch wenn dabei Fehler gemacht werden, die niemand korrigiert: Daraus entsteht eine Praxis des Sprechens, bei der Hemmungen abgebaut werden.
- Eine häufige Aufforderung in **Dimensionen** lautet: **Spekulieren Sie**. Didaktisch ausgedrückt geht es hier um „Hypothesenbildung", bei der Vorwissen und Weltwissen, Kreativität und Fantasie aktiviert werden.
- Bei der Aufforderung **Spielen Sie Detektiv** geht es darum, gezielt etwas herauszufinden, zu knobeln, einen „sechsten Sinn zu entwickeln". Einiges bekommt man dabei heraus, manches bleibt im Dunkeln, wird erst später klar.
- Mit der **Sprachgymnastik** soll durch schnelles, wiederholendes und rhythmisierendes Sprechen das flüssige Sprechen geschult werden.
- Hin und wieder gibt es die Aufforderung, einen kleinen Textabschnitt oder eine Wendung zu **übersetzen**. Gemeint ist nicht die wörtliche Übersetzung, sondern die inhalt-

liche Übertragung z. B. eines kleinen dialektalen Abschnitts ins Hochdeutsche oder einer Wendung in die eigene Sprache. Damit wird die Sprachaufmerksamkeit („language awareness") erhöht.

- In **Dimensionen** üben die Lernenden an „schönen" Texten das **laute Vorlesen**, um später auch eigene Texte besser vorlesen zu können. Dazu werden Hilfen gegeben.
- Einen besonderen Schwerpunkt bilden die Erarbeitung und Bewusstmachung von **Strategien** beim Hören, Lesen, Lernen, Aufgaben lösen, Texte bearbeiten. Die Lernenden sollen damit den Lernprozess besser verstehen lernen, durch die Beherrschung von Strategien ihren Lernweg immer mehr selbst bestimmen können und für das Lernen weiterer Sprachen gute Voraussetzungen bekommen.
- **Spiele und Spielerisches**, das Lernen mit allen Sinnen, sind integraler Bestandteil des Lern- und Übungsangebots. Neben den großen Spielen „Reise durch **D-A-CH** und andere Länder" (Lernstation 2) und „Uhrzeitenspiel" (Lernstation 5) gibt es immer wieder Aufforderungen zum Malen, szenischen Gestalten, Singen, zur Pantomime, zur Partnersuche im Raum, zum spielerischen Erstellen von Listen, zum Rollenspiel und zum Memory-Spiel.
- Spielerisch wird es auch, wenn die Lernenden dazu aufgefordert werden, **selbst Computerübungen** für Ihre Mitlernenden zu **entwerfen** und dabei Texte und vorgegebene Aufgaben zu manipulieren. Das macht nicht nur Spaß, sondern erhöht auch den Lerneffekt.
- Hingewiesen sei noch einmal auf die **Übungen mit Lösungsschlüssel**. Dabei handelt es sich um Übungen mit eindeutigen Lösungen, die sich gut zur Einzelarbeit und Selbstkorrektur eignen.

8. Das Internet

Es ist inzwischen allgemein anerkannt, dass das Internet mit seinen aktuellen Informationen und Recherchemöglichkeiten den Deutschunterricht um eine wichtige Komponente erweitert. In **Dimensionen** wird an verschiedenen Stellen auf interessante Internet-Adressen verwiesen, wo man mehr über das behandelte Thema erfahren kann. Es werden auch Internet-Recherchen angeregt, über die dann in der Klasse berichtet werden soll. Man kann wohl davon ausgehen, dass die Deutschlernenden in vielen Ländern selbst längst den Zugang zu deutschsprachigen Internet-Adressen gesucht und gefunden und also einige Erfahrungen mit dem Auffinden von Informationen haben. Die Bedeutung der Stichwörter auf den entsprechenden Homepages sollte eventuell gemeinsam in der Klasse besprochen werden. Sehr häufig handelt es sich dabei um zusammengesetzte Wörter, deren Struktur in **Dimensionen** ja schon sehr früh analysiert wird. Die Vermittlung von Texterschließungsstrategien anhand authentischer Texte in **Dimensionen** erleichtert den Lernenden das Verstehen von unbearbeiteten Texten im Internet. Ab **Dimensionen, Lernpaket 2** bereitet die Rubrik „Voneinander lernen" gezielt auf die Vermittlung solcher Recherche-Ergebnisse in der Klasse vor.

(Leider müssen wir an dieser Stelle auch daran erinnern, dass sich Internet-Adressen manchmal auch ändern. Die Lehrenden sollten deshalb die angegebenen Adressen vorher prüfen, bzw. die „Profis" in der Lerngruppe bitten, eventuelle Alternativen für die Adressen zu finden.)

Dimensionen: Perspektive der Lehrenden

1. Umgang mit dem Lehrwerk im Unterricht

In **Dimensionen** finden die Lehrenden ein reiches, offenes Materialangebot. Wir hoffen, dass Sie daran Freude haben und es gerne in Unterrichtsgeschehen umsetzen. Autorinnen und Autoren von Lehrwerken können nicht alle möglichen Unterrichtskonstellationen vorhersehen. Auch kann ein Lehrwerk nicht alle Bedürfnisse befriedigen, alle Vorstellungen erfüllen. In diesem Sinne ist uns bewusst, dass wir Ihnen eine subjektive Auswahl und Schwerpunktsetzung bieten. Sie werden feststellen, dass nicht jeder Unterrichtsschritt festgelegt, dass der Unterrichtsverlauf nicht Schritt für Schritt, Punkt für Punkt abgebildet ist. Dies widerspräche dem Konzept der Lernstationen, das den Lehrenden die Möglichkeit bieten soll, auf Interessen und Wünsche der Lernenden flexibel zu reagieren, und den Lernenden, ihren Lernweg mitzugestalten. Der Aufbau der Lernstationen, die Inhalte, die Impulse und Vorschläge zum Umgang mit den Materialien sind abwechslungsreich und hoffentlich dadurch motivierend. Die Motivation ist ein wesentlicher Faktor für den Lernerfolg, „Wie motiviere ich die Lernenden?" eine häufige Frage von Lehrenden. Nichts ist demotivierender als ein stets gleicher Ablauf von Unterrichtsstunden, ein stets gleicher Umgang mit Texten, wie er ja häufig propagiert wird, z. B. mit Modellen wie: Einführung – Präsentation – Semantisieren – Üben; Einführung – Präsentation – Semantisieren – Üben usw. Ein solcher stets gleicher Ablauf ist besonders für Erwachsene, die den Unterricht häufig nach einem anstrengenden beruflichen Arbeitstag besuchen, ermüdend. In **Dimensionen** finden Sie immer wieder neue Zugänge, neugierig machende Materialien und belebende Aktivitäten. Der motivierende Charakter aller Materialien und Aktivitäten für Lernende und Lehrende war ein wesentlicher Gesichtspunkt für die Auswahl des Angebots.

Wir möchten Sie auf jeden Fall dazu auffordern, das Material frei zu benutzen, sich davon inspirieren zu lassen, wegzulassen, was Ihnen verzichtbar erscheint, und hinzuzufügen, was aus Ihrer besonderen Unterrichtssituation heraus nötig ist und was Sie (und Ihre Lernenden) dazu beitragen möchten. In diesem Sinne gestalten Sie **Dimensionen** mit.

2. Flexible „Haltestellen" in den Lernstationen

Wenn Sie es wünschen, können Sie Ihren Unterricht in der Reihenfolge der thematischen Abschnitte und der Aufgabensequenzen in den Lernstationen gestalten, dabei ist genügend Abwechslung garantiert. Phonetische Übungen holen Sie sich dann aus dem Abschnitt „Wie klingt die Sprache?", grammatische Systematisierungen aus „Wie funktioniert die Sprache?" und aus der „Grammatik-Nachlese", Übungen zur Orthographie aus dem Abschnitt „Wie schreibt man das?". In den Lernstationen 1 und 2 ist dieses Vorgehen zwingend, da die vorgegebene Reihenfolge dem Unterricht mit Anfängern angepasst ist. In Lernstation 3 jedoch können Sie Ihren Einstieg wählen. Sie können mit dem Abschnitt „Begegnung" oder mit dem „Abschnitt „Lebensdaten" oder mit dem Abschnitt „Monate, Jahreszeiten" beginnen. Auch in der Lernstation 5 ist es möglich, entweder mit dem ersten Abschnitt „Uhrzeit" oder mit dem zweiten Abschnitt „Wie funktioniert die Sprache?" zu beginnen und die Uhrzeit zu einem späteren Zeitpunkt zu behandeln. In den Ausführungen zu den einzelnen Lernstationen finden Sie entsprechende Hinweise.

3. Klasse in Bewegung

Beim Lernen mit **Dimensionen** werden die Lernenden immer wieder aufgefordert, aufzustehen, sich im Raum zu bewegen, Wörter und Aktivitäten pantomimisch darzustellen, Poster aufzuhängen etc. Sie arbeiten außerdem mit wechselnden Partnern oder Gruppen zusammen, die sich jeweils um gesonderte Tische oder in einer Ecke des Raums organisieren. Diese Bewegung im Raum kommt insbesondere den taktil-motorischen Lerntypen entgegen und ist nach dem Konzept von **Dimensionen** ein Teil des Lernens mit allen Sinnen nach dem Motto: „Je aktiver die Lernenden sind, um so mehr nehmen sie mit".

4. Umgang mit Fehlern

Fehler sind ein wichtiger Schritt im Lernprozess. Sprachenlernen heißt für die Lernenden, bereit zu sein, Risiken einzugehen. Dass Lernende Fehler machen, ist normal und notwendig. Nur wer nichts sagt oder schreibt, macht keine Fehler. **Dimensionen** ist so angelegt, dass von Anfang an die deutsche Sprache breit benutzt wird, auch wenn einzelne Bereiche noch nicht systematisch präsentiert und gelernt wurden. Der Mut, die deutsche Sprache zu benutzen ist wichtiger, als die Korrektheit in Sachen Grammatik. Die Sprache der Lernenden baut sich nach und nach auf, Lücken füllen sich allmählich, Fehler sind dabei zugelassen. In **Dimensionen** lernen die Lernenden aber auch, bewusst mit Fehlern umzugehen: Fehler zu erkennen und Fehlerkorrektur werden in Partner- oder Gruppenarbeit explizit geübt. Auch werden bei zahlreichen Übungen Korrekturphasen mit dem Partner oder in Gruppen vorgeschlagen. Sie als Lehrende sollten die Zügel bei der Fehlerkorrektur eher locker lassen, lieber ein paar weitere Übungen einschieben, als ständig zu korrigieren. Das gilt vor allem für mündliche Beiträge der Lernenden. Während Lernende sprechen, sollten Sie sich auf jeden Fall zurückhalten, Fehler still sammeln, notieren und später gemeinsam besprechen. Bei schriftlichen Beiträgen sollten Sie – wann immer es geht – erst Selbst-, Partner- oder Gruppenkorrektur durchführen (lassen), dann gemeinsame Besprechung und Endkorrektur.

5. Lernerfolge testen – Orientierung an Prüfungen

Zum Umgang mit dem „10-Minuten-Parcours" wurde in Abschnitt 8 auf Seite 22 schon einiges gesagt, zu den Niveaustufen des *Referenzrahmens* auf Seite 15. Die Lernstationen 1–5 dienen vor allem dazu, die Deutschlernenden zum Weiterlernen zu motivieren, sie neugierig zu machen auf Weiteres. In der Schule und in bestimmten Sprachkursen müssen Sie auch schon im Anfangsunterricht Schularbeiten / Klassenarbeiten / Tests durchführen, um Noten für die Jahreszeugnisse oder Zertifikate zu erhalten. Ähnliches gilt für Studierende. Wenn es möglich ist, sollten Sie nach **Lernpaket 1** von **Dimensionen** jedoch noch keine „Prüfungen" abhalten, die „Test-Ergebnisse" im „10-Minuten-Parcours" geben genügend Auskunft über das Erreichte.

Natürlich orientiert sich **Dimensionen** am Prüfungskatalog für das Zertifikat Deutsch und an den Niveaustufen des *Gemeinsamen Referenzrahmens*. Zu den **Lernpaketen 1** (Niveau A 1), **2** (Niveau A 2), **3** (Niveau B 1, Zertifikat Deutsch) und **4** (Niveau B 2) werden entsprechende Tests angeboten.

6. Reflexion – auch für die Lehrenden

Im Konzept von **Dimensionen** spielt die Reflexion des Lernprozesses und des Unterrichtsgeschehens durch die Lernenden eine wichtige Rolle (siehe Punkt 9 auf Seite 22). In einem Unterricht, der von einer aktiven partnerschaftlichen Gestaltung sowohl durch die Lehrenden wie auch die Lernenden ausgeht, ist diese Reflexion auch für die Lehrenden wichtig. Auch sie werden immer wieder zu Lernenden, wenn es z. B. darum geht, Vorwissen und Kenntnisse der Lernenden einzubeziehen und zu bündeln oder voneinander zu lernen. Das Einzeichnen des Lernwegs durch die Lernenden am Ende einer Lernstation sollte auch für die Lehrenden Anlass sein, den gewählten Unterrichtsweg und die gemeinsame Arbeit an der Lernstation nochmals zu überdenken. Dabei kann und sollte man die Möglichkeit nutzen, das eigene Lehrverhalten zu reflektieren und herauszufinden, was sich im Unterrichtsgeschehen als besonders motivierend erwiesen hat oder welches didaktische Verfahren sich bewährt hat.

Dimensionen: Die einzelnen Lernstationen

Niemand kann es den Lehrenden abnehmen, den Ablauf und die konkrete Durchführung ihres Unterrichts selbstständig zu planen und zu gestalten, denn nur sie kennen die Bedingungen vor Ort und die Lernenden, mit denen sie arbeiten. Nur sie können entscheiden, ob und wann sie z. B. einen Text auf Folie präsentieren wollen, ob sie den Text selbst vorlesen oder still lesen lassen oder ob sie zuerst mit einer Übung, z. B. zu Wortschatz und Strukturen, oder mit einem Bild einsteigen wollen usw. Darum geben wir keine Anweisungen zum genauen Unterrichtsablauf, es sei denn ein ganz bestimmtes Vorgehen ist notwendig, um an dieser Stelle das angestrebte Lernziel zu erreichen. Aus Erfahrung wissen wir, dass Unterricht sehr unterschiedlich ist und bei aller Verschiedenheit zu guten Ergebnissen führt.

Hinweise zu den Themen und Lernzielen der einzelnen „Haltestellen" finden Sie in den Inhaltsangaben am Anfang jeder Lernstation, wir wiederholen sie hier nicht.

Hier finden Sie:
- ♦ Übergreifende Hinweise, wenn sie zum Verständnis der Lernstation und einzelner Bausteine wichtig sind,
- ♦ landeskundliche Hinweise,
- ♦ Hinweise zu einzelnen Texten, Übungen usw., die sich nicht direkt aus den Anweisungen und Übersichten in der Lernstation selbst ergeben,
- ♦ weiterführende Übungsanregungen, Tipps, (Internet-)Adressen usw.,
- ♦ Hinweise zum Unterrichtsverlauf, wenn es uns wichtig erscheint.

Wir verwenden folgende Abkürzungen:

LS = Lernstation
LP = Lehrperson
LD = Lernende
LK = Landeskunde
A = Aufgabe (A 1 = Aufgabe 1)

Lernstation 1: Kontakte

In dieser Lernstation geht es zunächst um die Begrüßungssituation in der Klasse. Sie kann in verschiedenen Unterrichtssituationen (z. B. Unterricht in einem deutschsprachigen Land oder im Heimatland der Lernenden) sehr unterschiedlich sein. Zum Beispiel ist die in Lehrwerken sehr häufig in die Begrüßungssituation integrierte Frage „Woher kommen Sie?" beim Deutschunterricht im Heimatland sinnlos. Beim Lernen im Zielsprachenland dagegen ist es interessant und wichtig für alle, inklusive LP, zu erfahren, woher die LD kommen. Wird das Material im Zielsprachenland eingesetzt, werden z. B. in dieser ersten Kontaktsituation die Frage „Woher kommen Sie?" und entsprechende Ländernamen eingeführt.

Mit dem Abschnitt „Symbole" werden die drei Genera / Artikel als wichtiges Merkmal der deutschen Sprache eingeführt. Durch die Verknüpfung der Begrüßung mit den Symbolen in verschiedenen Aktivitäten („Aktivitäten: Wählen Sie!)" wird die Kontaktaufnahme intensiver.

Zur Abfolge der „Haltestellen": „Buchstabieren" und „Symbole" können eventuell ausgetauscht werden. In heterogenen Klassen mit Angehörigen verschiedener Nationalitäten / Sprachen, ist es sicher sinnvoll, das Buchstabieren an den Namen zu üben.

Begrüßen und vorstellen

Magazin **Seite 4 / 5**

♦ Die Bilder dienen der Sensibilisierung für unterschiedliche Begrüßungsformen in verschiedenen Ländern inklusive der **D-A-CH**-Länder. Dabei handelt es sich hier nur um einige Beispiele, da je nach Gesprächspartner und Situation auch in **D-A-CH** viele Varianten möglich sind. Das Gespräch über die Bilder findet in der Muttersprache oder in einer anderen Sprache (z. B. Englisch) statt.

Weiterführung: Fotos oder Bilder mit anderen Begrüßungsritualen aus Zeitungen ausschneiden, selbst fotografieren und die Bilder eventuell in die leeren Stellen im Magazin kleben.

Folgende Begrüßungen sind aus **D-A-CH**: Seite 4, rechts unten: schlaksiger Handschlag unter befreundeten Jugendlichen; Seite 4, links unten: Österreich, ältere Generation; Seite 5 links oben: sehr herzliche Begrüßung unter Freunden; Seite 5: rechts unten: Handschlag zur Begrüßung im Büro bei geschäftlichen Kontakten.

Lernstation **Seite 7** Sprachbox

♦ Aus der Sammlung von in **D-A-CH** üblichen Redemitteln zur Begrüßung soll die LP je nach Unterrichtsort (z. B. Land in **D-A-CH** oder im Heimatland) und Lerngruppe (Erwachsene oder Jugendliche) eine Auswahl treffen. Nur diese Redemittel sollen dann auch in den Übungen verwendet werden. Vollständigkeit ist nicht beabsichtigt.

Sie / du – du / Sie

- markiert die frequentere Verwendung der einen oder anderen Form, z. B. wird *Hallo* vor allem in *du*-Beziehungen verwendet, kann aber in bestimmten Situationen auch in *Sie*-Begrüßungssituationen verwendet werden. *Servus* wird heutzutage in Österreich fast ausschließlich in *du*-Beziehungen verwendet.

  Um den Unterschied zwischen der *du*- und *Sie*-Ebene deutlich zu machen, können Sie folgende einfache Erklärung geben:
  du = Familie, Freunde, Kinder, auch Kollegen (nach Vereinbarung),
  Sie = generell Kontakte zwischen Erwachsenen (wenn nicht anders vereinbart), und von Kindern und Jugendlichen mit unbekannten Erwachsenen.
- Wie Sie sehen, verwenden wir in den Übungsanweisungen die *Sie*-Form, die neutrale Form zwischen Erwachsenen. Wenn Sie jedoch in einer Klasse mit Jugendlichen unterrichten, die auch Sie als Lehrperson duzen, könnten Sie schon den Imperativ der *du*-Form einführen, indem Sie – eventuell schon bei Lernstation 1 – gemeinsam in der Klasse bei den Übungsanweisungen die *Sie*-Formen durch die *du*-Formen ersetzen. In LS 1 gibt das die Formen: *Schau … die Seite an; Was hörst du? Kreuz an; Stell … vor; Such; Schreib; Füll … aus; Lies; Notier; Markier; Spiel; Hör; Sprich nach; Sing; Buchstabier; Wähl; Geht … herum*. Sie können sich auch entscheiden, die *ihr*-Formen zu benutzen oder die Singularformen mit -e, die eher schriftsprachlich sind (kreuze … an; stelle … vor; suche; schreibe usw.). Da die Aufforderungen sich häufig wiederholen, könnten Sie sie ab LS 3 auch selbstständig von den Lernenden abändern lassen. Diese Formen sollten aber auf jeden Fall nur als Vokabeln eingeführt werden, eine grammatische Systematisierung der Imperativ-Formen erfolgt in LS 8.

A 1
Hörtext 1

- In dieser Hörübung geht es darum, die Begrüßungen zu identifizieren.

Lernstation **Seite 8**
Sprachbox

- Hier soll deutlich gemacht werden, welches der Vorname und welches der Familienname ist, da dies aus den Namen oft nicht ersichtlich ist. Deshalb sollte ein Klassenposter (A 2) erstellt werden, das für Familien- und Vornamen eindeutige Rubriken enthält.

  Die Fragezeichen in der Illustration verweisen darauf, dass die Verwendung von *du* oder *Sie* im Unterricht ausgehandelt werden muss.

LK

- *Herr* oder *Frau* können nicht ohne Familiennamen verwendet werden. *Fräulein* wird in der Anrede nicht mehr verwendet.

Tipp

- In Lerngruppen in **D-A-CH** empfiehlt es sich, die Frage *Wie spricht man das aus?* und das Alphabet gleich anzuschließen und den Namen buchstabieren zu lassen (S. 10 / 11).

Lernstation **Seite 9**
Formular

- Wer anonym bleiben will, kann auf solchen Formularen auch ein „Kennwort" statt des Familiennamens angeben.

A 3

- Dieser erste längere Lesetext ist ein Beispiel für aufgabengeleitete selektive Textarbeit: Hier geht es nur darum, entsprechend der

		Aufgabenstellung die Grußformen aus dem Text zu entnehmen und in den Raster an der richtigen Stelle einzutragen.
	Tipp	♦ Lenken Sie die Aufmerksamkeit der LD zunächst auf die Überschrift: Lassen Sie dort die Grußformen markieren (Bezug zum Bild *Küss die Hand* im Magazin: Seite 4, links unten).
Lernstation	**Seite 10** A 3. d LK	♦ Der Text wurde unleserlich gemacht, denn es geht nur um die Überschrift. Der landeskundliche Hintergrund ist, dass die Polizei in **D-A-CH** Ausländer häufig einfach duzt. Diese sollten jedoch nicht „zurückduzen", sondern Polizisten immer siezen.

Buchstabieren

Lernstation	**Seite 10** Das Alphabet Hörtext 2	♦ Die phonetische Umschrift dient hier dazu, einmal die Aussprache zu fixieren. Die Umschrift soll nicht gelernt werden und wird auch in der Folge nur rezeptiv und nur in den Ausspracheübungen (Wie klingt die Sprache?) punktuell genutzt. In „Ihr Alphabet" (Muttersprache) können Groß- und Kleinbuchstaben eingetragen und Abweichungen markiert werden. In Österreich sagt man statt [jɔt] auch [je:].
Lernstation	**Seite 11** Aktivitäten: Wählen Sie! Hörtext 3	♦ Diese Rubrik bedeutet immer: Auswählen nach Bedarf, Lust und Laune. (Siehe den Abschnitt „Wahlangebote" S. 35) Hier werden mehrere rhythmisierte Beispiele angeboten. Die LD können andere Rhythmen finden. Wer das Alphabet nicht singen will, muss es nicht tun, aber es ist eine gute Memorisierungshilfe.

Symbole

Magazin **Lernstation**	**Seite 6/7** **Seite 12**	♦ Die Symbole bieten Input an interessantem Wortschatz und einen persönlichen Gesprächsanlass zur intensiveren Kontaktaufnahme. Sie dienen gleichzeitig der unkomplizierten Einführung der drei Artikel im Deutschen und als Material für die phonetische Unterscheidung: lange – kurze Vokale. (Die Arbeit mit den Symbolen könnte eventuell mit einer leisen Musik unterlegt werden.)
Lernstation	Strategie	♦ An dieser Stelle wird zum ersten Mal mit eventuell vorhandenem Vorwissen aus anderen Sprachen gearbeitet, der Ähnlichkeit so genannter internationaler Wörter. Diese Tabelle ist eine erste Anregung. Je nach Lerngruppe gibt es auch Ähnlichkeiten mit anderen Symbol-Wörtern und anderen Sprachen. In der Spalte „Ihre Sprache" können Lernende eventuell noch Ähnlichkeiten der hier vorgegebenen Wörter mit ihre/n Sprache/n eintragen.
Lernstation	**Seite 13** Sprachbox	♦ Die Sprachbox bietet das nötige Sprachmaterial zur Durchführung der Aktivitäten in A 2.

Wie klingt die Sprache?

Lernstation **Seite 13**
A 1
Hörtext 4

♦ Lange und kurze Vokale:

- Die Quantität, d. h. die Dauer oder Länge betonter Vokale ist für die Verständlichkeit entscheidend. Wichtig beim Üben ist die Schrittfolge vom Hören (Kontrollieren Sie die Hörergebnisse durch Handzeichen!) zum Sprechen und die Unterstützung durch Gesten (Übertreibungen sind sinnvoll.). Sie können auch mit weiteren Wörtern der Lernstation üben.
- Abweichungen von der Vokalqualität wie fehlende Sprechspannung z. B. beim langen, gespannten E (wie in *See*), fehlende Lippenrundung bei den U-, O-, Ü- und Ö-Lauten usw. sollten, wenn sie sich nicht durch einen Hinweis oder durch Imitation korrigieren lassen, an dieser Stelle nicht im Mittelpunkt stehen.
- Wenn die Lernenden Probleme haben, die Vokallänge in den gehörten Beispielen zu erkennen, dann sollte die LP die Beispiele zunächst mit übertrieben langen und kurzen Vokalen vorlesen. (Die Sprecher haben die Symbolwörter ohne Übertreibung gesprochen, insbesondere vor Nasalen und den R-Lauten klingen kurze Vokale oft etwas länger.)

Lernstation **Seite 14**
A 2
Hörtext 5

♦ Phonetik-Zuckerl:
Diesen Übungstyp finden Sie in allen Lernstationen. Es sind Hör-/Nachsprechübungen mit Beispielen aus der jeweiligen Lernstation. Die Beispiele sollten zuerst still gelesen werden, eventuelle Fragen nach einzelnen Wörtern (hier zum Beispiel die Bedeutung von *wir*, die sich aus der Klassensituation von selbst ergibt) sollten geklärt werden. Die Übung soll mehrmals gemacht werden, damit ein Automatisierungseffekt eintritt. Vorschlag: Nachsprechen im Chor, Mitsprechen im Chor, einzeln lesen, einzeln sprechen.

A 3
Hörtext 6

♦ **D-A-CH**-Phonetik:
Auch diesen Übungstyp finden Sie in allen Lernstationen. Es sind reine Hörübungen, die Sprecher kommen aus verschiedenen Regionen des deutschsprachigen Raums, sie sprechen regional gefärbt, aber nicht Dialekt. Diese Übung soll zeigen, dass Deutsch überall ein wenig anders klingt, aber doch (meist) gut verstanden werden kann. Die LD sollen spekulieren, aus welcher Großregion die Sprecher in etwa kommen und die Herkunft auf dem Länderumriss markieren. Es genügt auch, sie einem der drei Länder zuzuordnen. Die Aufgabe hat sensibilisierenden und spielerischen Charakter.
Lösung: 1. D, 2. CH, 3. D / A (unmarkiert), 4. D, 5. D / A (unmarkiert), 6. D / A (unmarkiert), 7. CH, 8. A, 9. D

Wie funktioniert die Sprache?

Lernstation **Seite 15**
A 1. a

♦ Es sei noch einmal darauf hingewiesen, dass der Vergleich mit anderen Sprachen (rechte Spalte) integraler Teil der Spracharbeit in **Dimensionen** ist.

A 1. b

♦ In der Rubrik „Finden Sie die Regel" sollen die LD sich selbst Gedanken über das System der deutschen Sprache machen und

Regeln herausfinden. Vorgegebene Formulierungen und Raster helfen dabei. Es kann durchaus geschehen, dass die gefundene Regel von den gängigen Formulierungen und Systematisierungen abweicht. Das bietet Gesprächsstoff, und das ist beabsichtigt. Lassen Sie den LD genügend Zeit zur Diskussion.

Tipp

- Die Regeln zunächst mit Bleistift ergänzen lassen.

  Auf den Pluralartikel *die* für alle drei Genera wird hingewiesen, Pluralformen von Substantiven kommen in den Übungsanweisungen immer mal wieder vor (z. B.: *Hören Sie die Beispiele.*). Sie werden jedoch noch nicht thematisiert. In der **Grammatik-NACH-Lese** auf S. 185 finden die Lernenden einen Hinweis zu den verschiedenen Pluralformen im Deutschen, in der **Wort-SCHATZ-liste** auf S. 223 ff. finden sie alle Pluralformen der Substantive ganz ausgeschrieben. Dort können die Formen bei Bedarf nachgeschlagen werden.

Aktivitäten: Wählen Sie!

- Die Lernenden werden immer wieder aufgefordert, sich selbst Übungen zu überlegen. Die Erfahrung zeigt, dass es hier zu fantasievollen, interessanten Ergebnissen kommen kann. Der Merkwert solcher Aktivitäten ist besonders hoch.

Magazin **Seite 16 / 17**
Lernstation **Seite 15**
Strategie

- „Artikelecken" machen:
  Die Collage „Badezimmer-Artikel" im Magazin zeigt, was damit gemeint ist. Zwar sind Artikel-Zettel auf dem Waschbecken etwas unpraktisch; humorvoll wird hier angedeutet, dass Artikelecken dort am effektivsten sind, wo man oft hingeht oder hinschaut, z. B. auch auf dem Nachttisch oder in der Küche usw. (*Badezimmer-Artikel* ist ein Wortspiel: Badezimmer-Artikel, das sind Gegenstände, die man gewöhnlich im Badezimmer findet / fürs Badezimmer kauft, z. B. Seife, Zahnbürste, Handtuch, Waschlappen usw. Nutzen Sie eventuell hier die Gelegenheit, einzelne dieser Gegenstände anhand des Bildes zu benennen.)
- Es ist wichtig, die LD immer wieder zur Reflexion über ihre eigenen Lernstrategien anzuregen.

Wie schreibt man das?
Lernstation **Seite 16**

- Eine „Haltestelle" zur Orthographie finden Sie in allen Lernstationen. Die Übungen sind nicht als Test gedacht, sondern sollen in jeder denkbaren Kombination (auch als Hausaufgabe) gemeinsam gemacht werden. In der Klasse eventuell mit leiser Hintergrundmusik. Korrektur durch die Lernenden selbst (z. B. in eine andere Gruppe weiterreichen); erst ganz zum Schluss Blick in den Lösungsschlüssel.

10-Minuten-Parcours
Seite 16–19

- Siehe dazu den Punkt 8 „Lernerfolge lustvoll erfahren", S. 22.

1

2

3

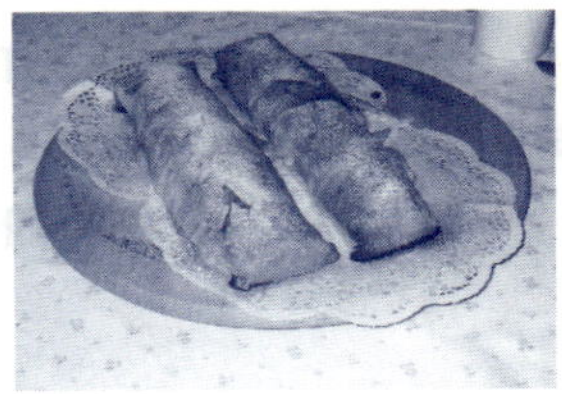
4

5

6

7

8

9

10

11

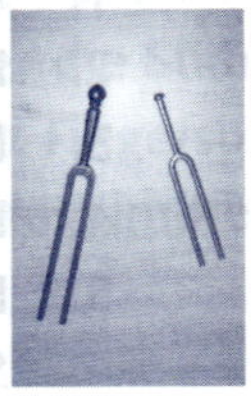
12

13

14

15

16

♦ Erklärungen zu den Bildern im Magazin:

Das erste Bild zeigt eine *Brezel*: Eine ursprünglich süddeutsche / österreichische mit Salz bestreute Spezialität, die auch in ganz Deutschland gern zwischen den Mahlzeiten gegessen wird. Der *Strudel* ist ebenfalls eine süddeutsche / österreichische Spezialität: ein gerollter Blätterteig, gefüllt mit Äpfeln und Rosinen oder Marillen oder … (Apfelstrudel, Marillenstrudel, …).

Der Topf (D, A) heißt in der Schweiz *die Pfanne*.

Mit dieser Art *Fonduegabel* aus Holz wird die Schweizer Käsespezialität *Fondue* umgerührt. Es ist eigentlich eine *Fonduerührgabel*, wir haben hier ein bisschen „gemogelt".

Ein Sitzmöbel mit vier Beinen und einer Rückenlehne heißt – auch wenn es sich um ein „fürstliches" Exemplar handelt – in D und CH *Stuhl*, in A *Sessel*. Für Schweizer und Deutsche gibt das einen befremdlichen Effekt, wenn ein „Stuhl" gemeint ist, aber *Sessel* gesagt wird: *„Hier fehlt ein Sessel"*. Ein deutscher „Sessel" ist in Österreich (und in der Schweiz) ein *Fauteuil*.

Hundebesitzer(innen) in **D-A-CH** kleiden im Winter ihre Lieblinge manchmal mit einem wärmenden *Anzug*.

Lücke, Freiraum, Loch möchte auf humorvolle Weise signalisieren, dass Dinge nicht immer so einfach zu definieren sind. Und das gilt, wie die Rätselbilder zeigen, auch für den Sprachunterricht.

Die Abbildung rechts oben ist eine Narrenkappe. Solche Kappen werden heute in europäischen Großstädten an Touristen verkauft. Die „Kappen", die zu den Uniformen der Karnevalsvereine gehören, sind von der Form her oft diesen Narrenkappen nachempfunden.

Der Krug (österreichisch / bairisch *ein Krügerl*) ist ein typisches Trinkgefäß für Bier.

Die obigen „Rätselbilder" finden Sie mit Erläuterungen auf den Seiten 107 / 108.

Lernstation **Seite 38**
A 6. b

In dieser Suchaufgabe mit Suchbild kommt der bestimmte Artikel zur Anwendung: Die Gegenstände werden vorher genannt, sind also bekannt: authentische Verwendung des bestimmten Artikels (*Wo ist das Handy?*).
Viel Spaß beim Suchen und Finden!

10-Minuten-Parcours: Im Unterricht

Lernstation **Seite 39–41**

Hier werden die häufigsten Formulierungen der Unterrichtsaweisungen wiederholt. Nr. 6: Übungsanweisungen mit trennbaren Verben;
Nr. 12: Die Ausdrücke im Perfekt werden als Wendungen bewusst gemacht.

Lernstation 3: Alles Mozart … und mehr

Das konnte man in der Zeitung lesen:

Mit Mozart geht das Lernen besser

Mozart ist gut fürs Lernen und für die Konzentrationsfähigkeit. Wer vor einer Prüfung zehn Minuten „Zauberflöte" oder „Figaros Hochzeit" hört, erzielt bessere Ergebnisse. Das haben Studien ergeben. Mozart soll Herzrhythmus, Atmung und Gehirnschwingungen in besseren Einklang bringen und das Aufnahmevermögen erhöhen. In England empfiehlt die Schulbehörde jetzt in einem offiziellen Rundschreiben, Mozart gezielt in der Schule einzusetzen. Das Kultusministerium gab jetzt ein Rundschreiben heraus, das Lehrer auffordert, Mozart gezielt einzusetzen. Ins Hintertreffen gerät Johann Sebastian Bach. Der Barockkomponist wird für den Unterricht nicht empfohlen. Er würde Schüler zur Tagträumerei und Entspannung veranlassen.

(Agenturmeldung, Okt. 2000)

Es gibt noch einige andere Gründe, warum wir das Musikgenie Mozart ins Zentrum einer Lernstation gestellt haben:

- Alle Welt kennt ihn und viele haben schon einmal ein Musikstück von ihm gehört, z. B. *Die kleine Nachtmusik*.
- Mozarts Leben ist spannend, es erweckt Interesse und Gefühle.
- Mozart ist auch heute noch in vielfältiger Weise im Bewusstsein der Menschen (Musical, Werbung, Rockmusik, österreichische 1-Euro-Münze, Salzburger Festspiele, 250. Geburtstag im Jahr 2006, Mozartkugeln u. a.).
- Mozarts Lebensschwerpunkt war zwar auf heutigem österreichischem Staatsgebiet (zu seinen Lebzeiten war seine Geburtsstadt Salzburg die Hauptstadt eines selbstständigen Fürsterzbistums), zugleich war er in vielen Städten Europas zu Hause (z. B. in Augsburg, der Heimatstadt seines Vaters, in Paris, London, Prag).
- Eine Geschichte mit Anfang und Ende (eine Lebensgeschichte) wird erzählt (narrativer Ansatz).

- Mit Mozarts Musik wird ein musikalischer Schwerpunkt zu Beginn des Unterrichts gesetzt. Die Verknüpfung mit Kunstbildern eröffnet unterschiedliche Zugänge (musikalisch, ästhetisch, emotional).
- Mit Mozart werden in der Lernstation auch aktuelle Lebensbereiche thematisiert (Wirtschaft, Internet usw.).

Zur Abfolge der „Haltestellen“:
Sie können mit „Begegnungen“, „Lebensdaten“ oder mit „Monate, Jahreszeiten“ beginnen. Vor der Beschäftigung mit „Wie funktioniert die Sprache“ sollten allerdings die Haltestellen „Begegnung“ und „Lebensdaten“ behandelt worden sein, da der entsprechende Wortschatz gebraucht wird.

Begegnung
Magazin **Seite 18 / 19**
Lernstation **Seite 47**
A 1. a

- Musik und Räume:
  Beginnen Sie mit der Collage im Magazin. Die Collage will die Fantasie über verschiedene Arten von Musik (in den deutschsprachigen Ländern und anderswo) anregen. Wenn möglich, sollen die LD versuchen, die Musik, die sie sich in den verschiedenen Räumen vorstellen, lautmalerisch, rhythmisch, gestisch, singend usw. auszudrücken. Dabei darf es laut und fröhlich zugehen. In der Muttersprache oder einer anderen Sprache kann man sich über Erfahrungen mit dieser Musik austauschen:
  Wer spielt die Musik?
  Welche Instrumente hören Sie?
  Wo wird die Musik gespielt? Wie sehen die Räume aus?
  Wie klingen sie?
  Wer geht da hin?
  Wer in der Klasse geht da (manchmal) hin?
  Welche Musik / Räume mögen die LD?
  In den unterschiedlichen Ländern können eigene Musiktraditionen eingebracht und ähnliche Fragen besprochen werden.
- (Alternative: Sie können auch mit Mozarts Musik (A 2 in der Lernstation, S. 47) anfangen und dann erst den Bezug zu den Räumen, in denen man diese Musik hören könnte, herstellen.)
- Zur Information:
  (Es geht nicht darum, die folgenden Wörter auf Deutsch zu lernen. Bei entsprechendem Interesse der LD könnte eine Auswahl getroffen werden.)
  Bild 1: Jazzkeller; Jazzkeller sind häufig dunkle Kellergewölbe. Musikinstrumente: das Saxofon, das Schlagzeug, der Kontrabass, das Klavier / der Flügel.
  Bild 2: Konzert mit Chor in der Kirche (der Chor, die Kirche).
  Bild 3: Traditionelle Blasmusik, oft auf kleineren Bühnen aufgeführt. Musikinstrumente: verschiedene Blasinstrumente wie: die Trompete, die Klarinette, die Tuba, das Akkordeon. Hier fällt auch die volkstümliche Kleidung auf: die Kniebundhose, gestrickte Strümpfe, das Dirndl.
  Bild 4: Opernbühne; Sänger und Sängerinnen sind auf der Bühne, das Orchester ist im Orchestergraben.

Bild 5: Kinder im Kindergarten spielen auf Orff-Instrumenten: das Tamburin, die Triangel, das Xylophon, verschiedene Schlaginstrumente.

Bild 6: Open-air-Konzert einer Popgruppe.

Bild 7: Klassisches Konzert mit großem Orchester im Wiener Musikverein; ein Streichorchester spielt; Instrumente: die Geige, die Bratsche, das Cello, der Kontrabass.

Bild 8: Disko: Diskobesucher tanzen bei einer Lichtshow.

Bild 9: Hausmusik in einer Familie: Es gibt viele Familien, in denen Eltern und Kinder gemeinsam „Hausmusik" machen, die Kinder lernen ein Musikinstrument in der „Musikschule" (Nachmittagsunterricht). Instrumente hier: die Trompete, die Klarinette (der Junge), die Querflöte (das Mädchen), das Klavier.

Bild 10: Drehorgelspieler im Freien: die Drehorgel, der Leierkasten.

A1. b

- ♦ Wo man Musik von Mozart „hören" kann, fantasieren die LD selber. Man kann so sagen: Nicht „verpopte" nicht „verrockte" Mozartmusik hört man vor allem in 2 (Konzerte, Requiem), 4 (Opern), 7 (Konzerte), 9 (kleinere, einfachere Musikstücke).

Lernstation **Seite 47**
A 2. a
Hörtext 21

- ♦ Musik und Bilder:
Ziel: musikalisch-ästhetisch-emotionaler Einstieg.
Zunächst nur die Musikstücke hören und genießen, über Eindrücke und Gefühle sprechen, Vermutungen anstellen, was das für Stücke sind (Oper, Konzert, ...), ob jemand eines der Stücke (er)kennt usw. – wie es sich in der Klasse ergibt. Man kann überlegen, in welchen Räumen welches Musikstück gespielt werden könnte ...

Magazin **Seite 20/21**

- ♦ Danach werden die Kunstbilder in Ruhe angeschaut und besprochen: Wie wirken die Bilder – Farben, Komposition, Formen? Was für Assoziationen erwecken die Bilder? Gibt es Bilder, die einigen besonders gefallen? Gibt es Bilder, die einigen gar nicht gefallen? Warum? Zu welchem Bild könnte man sich welche Art von Musik vorstellen? usw. Bei diesen Gesprächen, die in der Muttersprache oder einer anderen Sprache, z. B. Englisch, geführt werden, sollten gezielt Adjektive aus A 3 (und andere) eingeführt werden.
- ♦ Wenn die Bilder allen vertraut sind, werden die Musikstücke noch einmal gehört, die Bilder werden gleichzeitig angeschaut. Jede/r ordnet nach ihrem/seinem Empfinden Musik und Bilder zu.

b

- ♦ Der Austausch in der Klasse wird ganz unterschiedliche Wahrnehmungen und Zuordnungen zeigen.

c

- ♦ Musik 4 ist von dem österreichischen Austro-Popsänger Falco. Falco sehen Sie als Mozart im Magazin, S. 22 unten rechts; Informationen über Falco finden Sie auf S. 69 in der Unterrichtsbegleitung.
- ♦ Alternative: Sie können auch mit den Bildern anfangen und danach erst die Musik hören lassen.

Lernstation	**Seite 47** A 3 Aktivitäten: Wählen Sie!	♦	Die Unterrichtssequenz wird mit Übungen zu Adjektiven, die Emotionen ausdrücken und teilweise schon oben eingeführt wurden, weitergeführt.
Lernstation	**Seite 49** 4. a/b	♦	Mozart auf der Straße: Das Assoziogramm kann einzeln oder in der Klasse gemeinsam gemacht werden. Dabei wird gesammelt, was die Klasse über Mozart weiß. Es ist auch möglich, die ganze Sequenz „Begegnung" mit dem Assoziogramm zu beginnen.
	Hörtext 23 Hörstrategie		Aufgabe b. ist eine Übung zum selektiven Hören. Die Interviewten geben viele Antworten, die genannten Stichwörter werden mehrmals genannt: „Mozartkugel" (9, davon einmal nur als Kugel, einmal wird auch noch Schokolade erwähnt) „Musik" (7), dazu einmal in „Nachtmusik", „Salzburg" (7). Diese Wörter sollen aus dem Sprachfluss herausgehört werden. Vielleicht verstehen die LD auch noch andere Stichwörter, die in ihrem eigenen Assoziogramm enthalten waren. Sie müssen aber auf keinen Fall alles verstehen, können es auch gar nicht. Auf S. 81 der Lernstation werden die LD aufgefordert, die Interviews noch einmal zu hören. Jetzt verstehen sie mehr: Dieser Lernzuwachs motiviert für die Weiterarbeit.
		♦	Eine appetitanregende Mozartkugel finden Sie im Magazin auf S. 37.
		♦	Sprechen Sie mit den Lernenden über die Hörstrategie, bei einem Hörtext die Aufmerksamkeit auf einzelne Informationen zu fokussieren, die herausgehört werden sollen, und alles andere zu „überhören". Dieses selektive Hören wenden wir im Alltag häufig an, wenn wir uns auf bestimmte Informationen konzentrieren. In **Dimensionen** werden immer wieder „reiche" Hörtexte angeboten, aus denen nur bestimmte Informationen herausgehört werden sollen. Das ist eine wichtige Strategie für den fremdsprachigen Alltag und muss geübt werden (siehe Punkt 4, S. 32/33).
Lernstation	**Seite 50** A 5 Hörtext 24	♦	Wochentage: Ein Gedicht Zum Spiel mit Sprache, zum spielerischen Lernen gibt es auf der CD mehrere Klangbeispiele, die aber erst zum Abschluss gehört werden sollten.
	A 6	♦	Wochentage: Um das selbstständige Lernen anzuregen, schlagen wir immer wieder kleine Recherchen im Wörterbuch bzw. im Wörterverzeichnis von **Dimensionen** vor.
Lebensdaten			
Magazin **Lernstation**	**Seite 22/23** **Seite 51** A 1	♦	Identitäten: Ein Spiel mit Wahrnehmungen: In Wien und Salzburg begegnet man Mozart „auf der Straße", auf Postkarten, im Musical, auf der Bühne, in den Souvenirläden, im Wohn- und Geburtshaus (Salzburg). Das Betrachten der Bilder soll allerlei Impressionen, Gefühle, Gespräche auslösen.

S. 22, oben links: Souvenir-Postkarte mit „Mozart vor dem Stephansdom";
darunter: Mozart-Musical: Mozart als Kind und als junger Mann;
oben rechts: Mozart-Portrait von Barbara Kraft, 1819, darunter Falco als Mozart auf der Bühne.
S. 23, oben: Junger Mann im Mozart-Look, der vor dem Stephansdom Konzertkarten für Mozart-Konzerte verkauft.
Unten: Familie Mozart auf einem zeitgenössischen Gemälde von J. N. Della Croce. Es zeigt Mozart mit seiner Schwester Nannerl beim vierhändigen Klavierspiel, ein Portrait der Mutter hängt an der Wand, der Vater schaut ernst drein.

Magazin **Seite 24 / 25**
Lernstation **Seite 51**
A 2 und Lesestrategien

♦ Dieser Textstreifen lag viele Jahre als Beilage in verschiedenen Mozartkugel-Schachteln. Die mehrsprachigen Texte helfen beim Ausfüllen des Steckbriefs. Beilagen von Süßigkeiten, Kosmetika, Medikamenten oder Gebrauchsanweisungen sind heutzutage häufig mehrsprachig. Diese Mehrsprachigkeit kann man nutzen.

Wenn Lust und Interesse besteht (aber auch nur dann!), können einige Wortentsprechungen herausgesucht werden. Dabei werden Sprachverwandtschaften deutlich.

Deutsch	**Englisch**	**Italienisch**	**Französisch**
in Wien	in Vienna	a Vienna	à Vienne
Vater	father	padre	père
Marmor	marble	(marmo)	marbre
Museum	museum	museo	musée
Jänner (A)	january	gennaio	janvier

LK

♦ Das Foto rechts außen zeigt einen später errichteten kleinen Grabstein für Mozart auf dem St. Marx-Friedhof in Wien. Es wird immer wieder behauptet, Mozart sei in einem Massengrab für Arme begraben worden. Das ist eine Legende. Damals war es üblich, mehrere Personen in demselben Grab zu begraben. Es gab keinen Grabstein und keine individuelle Markierung. Man weiß also nicht, wo genau Mozart begraben ist. Auf dem Zentralfriedhof in Wien wurde später ein sogenanntes „Ehrengrab" mit einem prächtigen Grabstein errichtet. Dort ist Mozart aber nicht begraben.

Magazin **Seite 26–29**

♦ Mozart-Comic:
Hier wird die Lebensgeschichte von Mozart in Bildern und kurzen Texten erzählt.

Lernstation **Seite 52**
A 3. a / b
Aktivitäten: Wählen Sie!

♦ Die Lektüre des ganzen Textes wird vorbereitet
- durch Spekulieren über die in den Bildern erzählte Geschichte,
- durch das Zuordnen von Bildern und Textausschnitten,
- durch die selektive Entnahme von Informationen aus den Texten.

Verschiedene Gruppen lassen sich von ihrem eigenen Interesse leiten und wählen selbst, welche Aufgabe sie übernehmen.
Die Informationen werden in der Klasse ausgetauscht.

„Spielen Sie Detektiv!" heißt: Knobeln Sie, versuchen Sie, so viel wie möglich herauszubekommen; aber wie es so oft geschieht: Nicht alles wird aufgelöst, einiges bleibt vielleicht im Dunkeln. Und damit muss der Detektiv sich zunächst einmal zufrieden geben.

Lernstation **Seite 53** A 4 und Lesestrategien

- Wir empfehlen, dass die LP jetzt die Geschichte „erzählt", d. h. langsam, mit Betonung, Ausdruck und eventuell markanten Gesten vorliest. Die LD lesen still mit und schauen dabei die Bilder an. Danach können die LD weitere Fragen zum Inhalt, zu den Bildern, zu den Texten stellen. Im Klassengespräch werden die „Verstehensinseln" verbunden. Gegebenenfalls kann hin und wieder auch eine Übersetzung helfen.
- In der Folge gibt es Aufgaben und Übungen, die den Wortschatz und ganze Sätze aus dem Comic wiederholen, üben. Auf keinen Fall soll der Comic über die Aufgaben und das generelle Verstehen des Textes hinaus Wort für Wort akribisch durchgearbeitet werden. Wenn die LD Fragen zu sprachlichen Details stellen, müssen sie natürlich beantwortet werden.
- Erklärungen:

  Bild 5: Statt mit Geld wurde Mozart oft mit Geschenken (Uhren, Silbergegenständen u. ä.) „bezahlt". Die Reisen waren teuer und es kam zu finanziellen Engpässen.

  Bild 6: Die Leute hören Mozart gar nicht zu, sondern plaudern und essen dabei. Darüber hat Mozart sich nachweislich sehr geärgert.

  Bild 9: Die französische Inschrift auf der Zeichnung vom Grab der Mutter lautet auf Deutsch: *Hier ruht …*

  Bild 10: Berühmt wurde der „Fußtritt", mit dem Mozart vom Erzbischof, Graf Colloredo, entlassen wurde.

  Bild 11: In Wien regierte inzwischen Kaiser Joseph II., der Sohn von Maria Theresia. Er war ebenfalls ein großer Freund von Mozarts Musik.

  Zusätzliche Information zu den Texten 12 und 14: Mozart war eigentlich nicht arm, in seiner Wiener Zeit verdiente er durchaus viel Geld. Aber er selbst und seine Frau Constanze konnten das Geld nicht zusammenhalten. So gab es immer wieder Phasen, in denen sie kein Geld hatten und Schulden machen mussten.

Lernstation **Seite 54** A 6 LK

- In Schweizer Formularen wird im Allgemeinen nicht nach dem „Geburtsort", sondern nach dem „Bürgerort" gefragt. Das ist der Ort, aus dem die Familie ursprünglich stammt.
- Zum Thema „Berufe":

  In den Lernstationen 1–3 sind bisher schon einige Berufe vorgekommen:

  Lehrer/Lehrerin, Maler, Tennisspielerin, Filmstar, Popsängerin, Musiker, Komponist, Opernsängerin. Sogar ein *Erzbischof* (im Mozart-Comic) kommt vor. Das sind keine alltäglichen Berufe, aber *Filmstar* und *Popsängerin* sind von den Interessen der LD nicht so weit entfernt.

Mit der Aufgabe 6, eine eigene tabellarische Biografie anzulegen, kommen nun auch die „normalen“ Berufe ins Spiel, und zwar die Berufe, die in der Klasse tatsächlich vorhanden und deshalb wirklich von Interesse sind. In der Folge werden noch weitere Berufe eingeführt, so *Pianistin, Klavierlehrerin, Physiklehrerin, Arzt/Ärztin, Chef/Chefin (weniger ein Beruf als eine Funktion), Reiseleiter* u. a.

Magazin **Seite 30/31**
Lernstation **Seite 55**
Lesestrategie

♦ Mozart im Lexikon:
Die Biografie stammt aus einem Jugendlexikon. Der Lexikonartikel ist authentisch und ungekürzt. Hier geht es wieder darum, Detektiv zu spielen und die bereits bekannten Informationen in einem komplexen Text zu erkennen und zu markieren. Möglicherweise finden verschiedene LD hier verschiedene Informationen. Bei dieser Aufgabe machen die LD die Erfahrung, dass man beim selektiven Lesen (wie beim selektiven Hören) wichtige Informationen auch aus umfangreicheren Texten herausfinden kann. Der Text soll auf keinen Fall weiter bearbeitet werden.

Tipp

Steigen Sie mit der Frage: *Wo ist Mozart?* in die Doppelseite ein. Mozarts Position im Lexikon „zwischen Möwen und Müll“ kann Anlass geben zu spielerischer Reflexion.

♦ An dieser Stelle könnte nun der Abschnitt „Wie funktioniert die Sprache“ von Seite 64 ff. eingeschoben werden.

Monate, Jahreszeiten
Lernstation **Seite 56**
A 1

♦ Monatsnamen:
Jänner und *Feber* sind die österreichischen Standardvarianten für *Januar* und *Februar*, *Feber* wird jedoch weniger häufig verwendet.

Magazin **Seite 32 / 33**
Lernstation **Seite 56**
A 2

♦ Mozart wandert durch das Jahr / Jahreszeiten:
Die Bilder zeigen mögliche Impressionen zu den Jahreszeiten.
Frühling: Blühende Obstbäume (grün / weiß)
Sommer: Balkonblumen (bunt)
Herbst: Blätter auf dem Boden (bunt), Wandern durch den Nebel (grau)
Winter: Verliebte schreiben ihren Namen in den Schnee. (weiß)

Zwischen Bildern und Texten gibt es ein Spannungsverhältnis, die Texte sprechen z. T. andere Aspekte der Jahreszeit an: Jede/r erlebt die Jahreszeiten unterschiedlich. Während die einen vor allem das frische Grün der Bäume vor Augen haben, denken die anderen an blühende Kirschbäume, während die einen im Herbst an das bunte Laub denken, denken die anderen an Nebel und Einsamkeit.

♦ Die Liedtexte und Gedichte können sehr unterschiedlich bearbeitet werden, sie können auswendig gelernt werden, ganz nach Lust und Laune in der Klasse. Zum Beispiel könnte eine Gruppe von LD, die im Frühling geboren sind, das Frühlingsgedicht, das übrigens von Mozart vertont wurde, erarbeiten, auswendig lernen, vortragen usw.

Vorschläge:
- *Komm, lieber Mai, und mache die Bäume wieder* ... Lassen Sie die LD selbst die passende Farbe finden.
- *Wir Kinder im ... geboren, lieben den Duft des weißen Jasmin* ... Die LD müssen den Monat herausfinden.
- Herbst: Welche Assoziationen erweckt das Bild? – dann den Liedtext als Kontrast (Herbst ist bunt, fröhlich.) gegenüberstellen: Zwei Aspekte von „Herbst".
- Lassen Sie über das Foto spekulieren: Welche Jahreszeit? Wer macht das? Was bedeutet das? (Die beiden lieben sich, sind zusammen.) – Dagegen der Text: Was wird hier erzählt?

Lernstation **Seite 57** A 3. f/g Hörtext 26

♦ Das Spaßgedicht von Karl Valentin kann wortwörtlich weitergeführt oder variiert werden. Lassen Sie die LD singen, so lange es ihnen Spaß macht, wenn es ihnen Spaß macht.

Karl Valentin (1882–1948) wirkte als Komiker und Verfasser von grotesk-komischen Szenen und Stücken in München.

Wie funktioniert die Sprache?

Lernstation **Seite 58**

A 1. b ♦ Bei A 1. b geht es um persönlich empfundene Zuordnungen.

A 2. a/b ♦ Zusammengesetzte Substantive sind ein sehr häufiges, alltägliches Mittel der Wortbildung in der deutschen Sprache, sie werden in **Dimensionen** schon früh aufgegriffen und untersucht.

c, Regel ♦ Wichtige Grundregeln werden von den Lernenden selbst erarbeitet. Regel 3 soll nur zeigen, welche Formen der Zusammensetzung es gibt, damit die LD zusammengesetzte Wörter in Texten leichter erkennen können. Sie soll auf keinen Fall auswendig gelernt werden.

Seite 59 d ♦ Substantive können sowohl Grundwort als auch Bestimmungswort sein.

Seite 60 g ♦ Hier geht es um die Sensibilisierung für mögliche Bedeutungen und Zusammensetzungen, die LD müssen die Lösung nicht in jedem Fall selbst herausfinden. Über die Bedeutungen sollte in der Muttersprache (oder in einer anderen Sprache) diskutiert werden.

Wie klingt die Sprache?

Lernstation **Seite 61** A 2 Hörtext 28

♦ Gerundete Vokale:
Viele Lernende haben Probleme mit den Ü- und Ö-Lauten. Sie sollten an dieser Stelle geübt werden.

Für die Ü-Laute können Sie beim Üben von den I-Lauten, für die Ö-Laute von den E-Lauten ausgehen. Die Zungenstellung ist jeweils gleich, es müssen nur noch die Lippen nach vorn gestülpt und gerundet werden (Spiegelkontrolle!) – dabei darf die Zunge nicht nach hinten rutschen.

Lernstation **Seite 62** Hörtext 30

D-A-CH-Phonetik:
Lösung: 1. D (Sächsisch), 2. CH (Standard), 3. A (Ostösterreich)

Wie schreibt man das?

Lernstation **Seite 63** A 2. a Hörtext 32

♦ Man sieht hier, wie viele Konsonanten im Schriftbild aufeinander folgen können. Ohne Hörtext sind die Konsonanten-Kombinationen nicht ganz leicht zuzuordnen, denn sie gehen über die Wort- und Silbengrenzen hinaus.

Tipp

Die Aufgabe ist kniffliger (was manchen LD gefallen mag), wenn Sie sie zunächst ohne Hörtext machen lassen.

Wie funktioniert die Sprache?

Lernstation **Seite 64** A 1

♦ Tempora (Zeitformen):
Mit der Entscheidung für den Einstieg mit Mozart als historischer Persönlichkeit hängt zusammen, dass neben dem Präsens (Comic) in **Dimensionen** frühzeitig das Präteritum als Tempus (Lexikon-Biografie) eingeführt wird. Geschichten erscheinen im Comic im Präsens, Biografien im Lexikon im Präteritum. (Perfekt als persönliches Erzähltempus in Bezug auf verschiedene Unterrichtsaktivitäten wurde bereits in den Lernstationen 1 und 2 kommunikativ eingeführt und bei Bedarf erweitert.)

Seite 64 / 65 A 2. a Strategie

♦ In dem Biografie-Text ist ein Fehler versteckt (Im Jahr seiner Heirat mit Konstanze komponierte Mozart „Die Entführung aus dem Serail", siehe Lexikon-Biografie.). Aufmerksam lesende Lerner werden ihn sofort finden. Sollten die Lerner es nicht merken, stellen Sie eine entsprechende Frage (selektives Lesen).

♦ Die LD erstellen ihre eigene Tabelle. Ausgefüllt werden nur der Infinitiv und die Formen für *sie* und *er*. Das entspricht der Textsorte „Biografie". Die anderen Personalpronomen und die kompletten Verbformen im Präsens werden in einem zweiten Schritt ab S. 71 erarbeitet. Wichtig ist hier der Hinweis auf die Strategie, wie man Verbformen analysieren kann.

♦ In **Dimensionen** ist die grammatische Terminologie in Tabellen immer am unteren und am rechten Rand angegeben, nicht wie sonst meist üblich oben und links: Damit ist beabsichtigt, dass die LD sich an den Verbformen selbst orientieren und nicht an der grammatischen Kategorie. Diese stellt nur eine übergreifende Zusatzinformation dar. Da das Perfekt bisher kommunikativ, aber nicht systematisch erarbeitet wurde, bleibt diese Rubrik an dieser Stelle leer.

Lernstation **Seite 66** A 3. a

♦ Der Text könnte so lauten:

> Maria Anna Mozart, genannt Nannerl, war Pianistin und Klavierlehrerin. Sie ist 1751 in Salzburg geboren. Sie reiste mit Wolfgang in viele Städte Europas. 1784 heiratete sie, sie hatte 3 Kinder. Sie wohnte (lebte) in Salzburg und ist dort 1829 gestorben.

Sprachbox

♦ Zu *Mozart ist in 1756 geboren:*
Diesen Anglizismus hört man heutzutage sogar im Fernsehen oder findet ihn in Behördenformularen. Uns tut das noch weh (wie auch der immer weiter um sich greifende englische Genitiv, z. B.: Ilse's Hundeboutique). Deshalb haben wir das *in* als Fehler gebrandmarkt.

Lernstation **Seite 67**
A 1. a–d

- Grammatik im Text:
Im Text **a** sind die Sätze nummeriert, um das Ergebnis in **c** zu steuern. Sie sind fortlaufend geschrieben, weil es sich um einen Text und nicht um isolierte Sätze handelt.
- Indem der Text **a** in die Tabelle **c** geschrieben wird, wird die Stelle des Verbs im Aussagesatz (Position 2) zum wiederholten Male deutlich gemacht (siehe Lernstation 2, S. 34 f.). Die Strategie, zunächst die Verben im Satz zu identifizieren, ist hier angemessen, da die Verben in der Tabelle an einer bestimmten Stelle einzutragen sind, um die Struktur der Sätze zu verdeutlichen. Gleichzeitig merken die LD, dass ihnen diese Strategie hilft, deutsche Sätze besser zu verstehen. Positionsfehler sind eine der häufigsten Fehlerquellen bei Deutschlernenden.
Ziel der Aufgabe **c** ist es, dass die LD erkennen:
  1. Vor dem Verb steht ein Satzteil, **hier** entweder das Subjekt oder ein Adverb (2. + 4.: temporal; 3.: lokal).
  2. Steht zum Beispiel ein Adverb vor dem Verb, so wandert das Subjekt hinter das Verb.
- Der Vergleich mit anderen Sprachen macht Unterschiede in der Wortstellung im Vergleich zum Deutschen bewusst.

Lernstation **Seite 68**
A 1. e/g
Tipp

- In Aufgabe **e** sind mehrere Textlösungen möglich, da die Sätze mit unterschiedlichen Satzteilen beginnen können.
Probieren Sie mit den LD aus, was geht und was nicht geht, wie der Text am flüssigsten klingt.
Hier eine Modell-Lösung:

> Mozart hatte in Salzburg eine Stelle als Musiker. Endlich verdiente er Geld. Aber die Leute liebten seine Musik nicht. Deshalb reiste er nach Paris. Seine Mutter begleitete ihn. Sie waren auch in Mannheim. Dort flirtete er mit Aloisia Weber. Sie war 16 Jahre alt.

Regel

- Das Verb (mit Personen-Endung) steht in der Regel auf Position 2. Davor steht entweder das Substantiv oder etwas anderes (Adverb, Konjunktion, …). Der Satz *Aber die Leute liebten seine Musik nicht.* zeigt: Nach *aber* bleibt das Subjekt vor dem Verb, *aber* hat die Position 0. Dasselbe gilt für *und* und *oder*. Besprechen Sie mit den LD die Beispiele in der Grammatik-Nachlese, S. 202, unter 4. b.

Lernstation **Seite 68**
A 2. a

- Referenzen im Text:
Lösung: Mozart und seine Mutter = sie; Aloisia Weber = sie; in Mannheim = dort
Slogan und Bild *Mozart wandert durch den Text* sollen den Lernenden die Rolle der Referenzen bildhaft verdeutlichen.

Lernstation **Seite 69**
A 2. b

- Im Unterricht sollten die Referenzen visuell deutlich, mit Kreisen, Linien, Pfeilen eingetragen werden.

Mozart hatte in Salzburg eine Stelle als Musiker. Endlich verdiente er Geld. Aber die Leute liebten seine Musik nicht. Deshalb reiste er nach Paris. Seine Mutter begleitete ihn. Sie waren auch in Mannheim. Dort flirtete er mit Aloisia Weber. Sie war 16 Jahre alt.

A 3. a

- *nicht* wechselt seine Position im Satz. Hierfür gibt es einige Regeln, sie sollen in diesem Stadium aber nicht gelernt werden, es geht hier nur um eine erste Sensibilisierung.

  Grundsätzlich kann man sagen, dass *nicht* auf jeden Fall nach dem Verb steht, tendenziell am Ende des Satzes, einige Elemente stehen aber immer nach *nicht*, z. B. Ergänzungen mit Präposition.

  In der „Grammatik-Nachlese", S. 184, finden die LD die Opposition *kein / nicht* in einigen Beispielen. Die Verwendung von *kein / keine* als Negation von *ein / eine* wurde schon mit der Aufgabe zu den Rätselbildern (Magazin S. 14 / 15) bewusst gemacht und geübt. Eine Gegenüberstellung der Aussagen: *Das ist keine Nudel, das ist kein Strudel.* und der Verwendung von *nicht* in der Aufgabe A 3, LS, S. 69 macht die Unterschiede deutlich. Lassen Sie die LD andere einfache Beispiele aus ihrem alltäglichen Umfeld finden, z. B. (im Klassenzimmer): *Das ist kein Kassettenrekorder, sondern ein CD-Player. Aber der CD-Player funktioniert nicht.*

Lernstation **Seite 69**
A 1–4

- Personalpronomen:
  In diesem Abschnitt werden die Personalpronomen zusammen mit der Konjugation Präsens einfacher Verben komplett systematisiert.
- Der Einstieg geschieht kommunikativ („mit Personen sprechen") durch ein Gespräch über die Bilder im Magazin S. 20 / 21: *ich – du / Sie, wir – ihr / Sie*. Das Ergebnis ist die Hitliste in **b**.

Lernstation **Seite 70–71**
A 2. a

- sie, er, es / sie:
  Im ersten Abschnitt geht es um Personen mit den „natürlichen" Referenzen: *Nannerl – sie, Mozart – er, Mozart und Nannerl – sie*.

  In den vier folgenden Abschnitten geht es um den Genusbezug bei Substantiven: *die – sie, der – er, das – es / die – sie* (Plural).

c

- Die Übersetzung und der Vergleich zwischen Deutsch und anderen Sprachen kann Gemeinsamkeiten zwischen den Sprachen oder Systemunterschiede deutlich machen.

d / e
Hörtext 33

- Mit Hörtext 33 wird die Lösung über das Hören angeboten. Dadurch werden die LD für den Zusammenhang zwischen Klang- und Schriftbild sensibilisiert. Dieses Verfahren wird immer wieder angewandt. Es entspricht dem Konzept von **Dimensionen**, so viel Material wie möglich über das Hören anzubieten. (Vielleicht sollte die Schreibweise der Wörter in den Lücken noch einmal vom Partner / von der Partnerin kontrolliert werden.)

f
- Die Lernenden sollten so oft wie möglich dazu angeregt werden, Computerübungen für die Mitlernenden zu machen. Das macht Spaß und erhöht den Lerneffekt.

g
- Oft haben die LD auch selbst Vorstellungen, wie sie etwas am effektivsten üben können.

Lernstation **Seite 71–74**
A 3. a/b
- Die visuelle Darstellung der Beziehung zwischen Verbformen und Pp in Form von Molekülen (etwas, das den Lernenden aus dem Chemie-Unterricht bekannt sein dürfte), soll
  – die Konjugation attraktiver machen (es sind ja nur vier Endungen!) und
  – über das Visuelle das Behalten leichter machen.

  Natürlich kann in der Folge nicht auf die klassische Tabellenform verzichtet werden (siehe z. B. LS, S. 75 und Grammatik-Nachlese, S. 185 ff.).

c
- Es kann nicht genug betont werden: Die LD haben oft sehr fantasievolle Ideen zur Systematisierung von Grammatik. Diese Ressourcen sollten genutzt werden. Mit den von ihnen selbst ausgedachten Systematisierungen ordnen sie den Stoff so in ihre eigene(n) (bereits vorhandenen) Systematik(en) und Denkstrukturen ein, dass sie ihn sich besonders gut merken können. Außerdem findet dabei implizit bereits ein Vergleich mit der Muttersprache oder anderen Sprachen statt.

d
  Der Vergleich des selbst ausgedachten Systems mit der Systematisierung in der Grammatik-Nachlese (S. 183) kann (oder muss) gegebenenfalls zu Korrekturen führen. Dass man die Personalpronomen im Deutschen auch unterschiedlich sortieren kann, zeigen die beiden Beispiele in der Grammatik-Nachlese.

e
- Der Vergleich mit anderen Sprachen wird explizit gemacht. Schon im Vergleich zum Englischen gibt es ja einen interessanten Befund: *you* steht für *du, Sie; ihr, Sie*. Im Portugiesischen zum Beispiel gibt es statt *du* und *Sie* drei Formen, in anderen Sprachen sogar noch mehr, um ganz unterschiedliche Beziehungen und Hierarchien auszudrücken.

Lernstation **Seite 72**
A 4
- (Eigene) Fehler erkennen und korrigieren ist eine wichtige Fertigkeit, die geübt werden muss. Auf diese Weise lernen die LD, ihre Texte bewusst und gezielt zu überarbeiten (siehe Punkt 4, S. 39).

Tipp
  Das hilft nicht nur, Fehler zu vermeiden, sondern ist auch ein Stück Emanzipation von der „Allmacht der LP", die als einzige in der Lage zu sein scheint (schien), Fehler zu erkennen und zu benennen. Aufgabe 4 bietet ein erstes Modell zur Fehleranalyse und Fehlerkorrektur im Bereich der Pp und Verb-Endungen. Es empfiehlt sich, bei der zukünftigen Arbeit für weitere Elemente Kürzel einzuführen, mit denen auf bestimmte Fehlerquellen fokussiert wird, z. B. RS für Rechtschreibung (oder auch O für Orthographie) oder in Lernstation 5: LE für Lokal-Ergänzung, TE für Temporal-Ergänzung. Diese Art der Selbstkontrolle sollte im Grundstufenunterricht allerdings nur auf eindeutig identifizierbare Fehlerquellen angewandt werden. Damit werden – wenn sie denn erkannt werden – schon genügend

Fehler gefunden und – vielleicht – berichtigt. Zu hohe Anforderungen würden nur wieder demotivieren.

Sie sollten diese Art der Eigenkorrektur oder gegenseitigen Korrektur so oft wie möglich anwenden. In der Partnerarbeit empfiehlt es sich, dass der / die eine die Fehler markiert und benennt. Danach wird getauscht und der / die andere korrigiert. Dann wird wieder getauscht, die Ergebnisse werden besprochen.

Lernstation **Seite 75**
A 4
Aktivitäten:
Wählen Sie!

Verbformen lernen:

- Kettenübungen können reihum in der Klasse gemacht werden oder mit einem Ball (echt, oder aus Papier, oder Wollknäuel), der möglichst rasch und überraschend einer Person zugeworfen wird, die antworten soll. Die Antwort wird dadurch nicht nur spontaner, es wird auch eine schnelle Reaktionsfähigkeit geübt, eine wichtige Voraussetzung für flüssiges Sprechen im Gespräch mit anderen.

Seite 76

- Welche Pp passen?
  Was weiß ich über Mozart? ist grammatisch natürlich auch richtig und kommunikativ durchaus denkbar: nachdenkliche Frage an sich selbst, z. B. bei Prüfungen.

Lernstation **Seite 76 / 77**
Hörtext 34

LK

- Poetische Variationen:
  Das Spiel mit diesen Texten ist ein Wahlangebot. Vielleicht wollen sich auch nur einige LD daran erproben.

  Der österreichische Dichter Ernst Jandl (1925–2001) ist ein Vertreter der visuell-experimentellen und konkreten Poesie. Er spielt mit den Wörtern, den Lauten, den grammatischen Strukturen, stellt die Sprache „auf den Kopf" und erreicht damit verfremdende Effekte. Substantive schreibt er häufig klein, Verben verwendet er oft im Infinitiv, er mischt verschiedene Sprachen, stellt Gedichte visuell dar.

  Wir greifen hier Jandls Sprachspielereien auf, die LD spielen mit.
  - Poetische Variation 1:
    Der Schnitter:
    Im Originaltext von Jandl stehen die normalen Verbformen, die in der Lösung der Aufgabe durch die LD wieder hergestellt werden. In Jandls Gedicht sind jedoch tatsächlich alle Substantive klein geschrieben. Die LD sollen sie hier ruhig groß schreiben, wie sie es gelernt haben.

    Versuchen Sie mit den LD, einige Fragen an den Text zu stellen und dem Grundgedanken des Gedichts ein wenig näher zu kommen:
    - Wer ist dieser Schnitter?
    - Was macht er?
    - Was schneidet er?
    - Wem gibt er etwas?
    - Wer ist „du"?
    - Was sagt der Schnitter am Ende zum „du"?
    - Was kann das bedeuten?

Das Wort der *Schnitter* kommt vom Verb *schneiden, schnitt, geschnitten*. Es gibt ein deutsches Volkslied, das beginnt mit der Zeile: *Es ist ein Schnitter, der heißt Tod.* In diesem Volkslied ist von vornherein klar, worum es geht: Im Bild vom *Schnitter*, der alles Leben abschneidet, wird der Tod dargestellt. In Jandls Gedicht ist das nicht so eindeutig, der Schnitter ist zunächst sehr großzügig, jeder bekommt „ein Stück Brot", das heißt, er bekommt etwas Lebenswichtiges, Leben. Aber am Ende des Gedichts geschieht eine plötzliche Umkehr: Der Lebensspender wird zum Todbringer, der „das Brot" schneidet. Leben und Tod bilden eine Einheit, das eine gibt es nicht ohne das andere.

Lernstation **Seite 77**

– Poetische Variation 2:
Im Gedicht „der beschriftete sessel" schreibt Jandl die Verben im Infinitiv. Die LD schreiben das Gedicht mit den Verbformen, wie sie es gelernt haben.
Erklärung:
„sessel" ist hier der österreichische „Sessel", in Deutschland würde man diese Art Sitzmöbel, das Jandl meint, als „Stuhl" bezeichnen.
Letzte Zeile:
„bis von hinten wer kommt und … „
„wer" = einer, jemand, eine Person

der beschriftete sessel

ich habe einen sessel
da steht JANDL groß hinten darauf
wenn ich einmal nicht mehr weiß
bin ich es oder bin ich es nicht
muß ich mich nur hinsetzen
und warten bis von hinten einer
kommt, und es mir zuflüstert

Das hier abgedruckte Faksimile von Jandls Korrekturfassung zeigt den kreativen Prozess bei der Entstehung des Gedichts. Dazu ein Zitat aus dem Buch „Der literarische Einfall":

„Die Beschreibung des Sessels führt im Gedicht zur Problematisierung der Identität des Ichs, das hier spricht. Es könnte ja sein, dass einmal nicht mehr sicher ist <bin ich es oder bin ich es nicht>, wie es in der ersten Niederschrift heißt. Als Ausweg bleibt, sich hinzusetzen und auf einen anderen zu warten, der <von hinten> kommen wird, um die Antwort zu geben. … Die handschriftlich erfolgte Ersetzung der Normalsprache durch eine vereinfachte heruntergekommene Sprache macht aus der philosophischen Kardinalfrage eine kindliche Frage. Das sprachliche Vermögen des Ich scheint nicht ganz auf der Höhe des angesprochenen Gegenstands zu sein. Wäre es bei der Erst-

fassung geblieben, der Irritationseffekt wäre lange nicht so stark gewesen. Denn die Auflösung der sprachlichen Norm ist ja bereits ein Indiz dafür, dass der Sprechende nicht mehr ganz bei sich ist." (a. a. O. S. 86)

Aus: Der literarische Einfall. Über das Entstehen von Texten. In: Profile. Magazin des österreichischen Literaturarchivs I / 1998. Herausgegeben von Bernhard Fetz und Klaus Kastberger. Wien: Paul Zsolnay Verlag, S. 87.

Mozart-Marketing

Der Name „Mozart" wird heute als Markenzeichen, Wirtschafts- und Werbefaktor vermarktet. Da die Anwendung von Deutsch im Beruf für viele LD eine wichtige Motivation zum Deutschlernen ist, werden in **Dimensionen** auch wirtschaftsnahe Themen und Übungen angeboten. Sie können diesen Teil auch nur teilweise bearbeiten oder ganz weglassen.

Lernstation **Seite 77** Mozart-Produkte:

A 1 Aktivitäten: Wählen Sie! Tipp

- ♦ Es ist wichtig, dass die beiden ersten Aktivitäten (eventuell in der Muttersprache) ohne Magazin gemacht werden, damit die LD erst einmal eigene Ideen entwickeln. Die Projekte „Marketing-Agentur" und „Planspiel" können je nach Lust und Bedarf in reduzierter Form durchgespielt oder weiter ausgebaut werden (z. B. könnte ein Prospekt, ein Inserat, ein Werbetext usw. für das ausgewählte Produkt entworfen werden).

Hörtext 35

- ♦ Inhalt: Ein Reiseleiter führt eine Gruppe von Touristen nach dem Besuch von Mozarts Geburtshaus in Salzburg in den Laden „Mozartland", der sich genau gegenüber befindet. Dort gibt es zahlreiche Produkte, die unter dem Label „Mozart" angeboten werden. Der Reiseleiter versucht, die Kauflust der Touristen anzustacheln, indem er einige der Produkte aufzählt.

Hörstrategie

- ♦ Globales Hören: (siehe Punkt 4, S. 32 f.)
Sprechen Sie mit den Lernenden über die Hörstrategie, einen Hörtext nur global zu erfassen:
  - Was ist das Thema?
  - Wer spricht?
  - Wo?
  - eventuell: Wann?

  Dieses globale Hören wenden wir im Alltag häufig an, wenn wir nur ungefähr wissen wollen, worum es bei einer Radiosendung oder einer Fernsehsendung z. B. geht, aber auch, wenn wir auf einmal in ein Gespräch hineingeraten. Es ist also eine wichtige Strategie für den fremdsprachigen Alltag und muss geübt werden. Das Training für die LD besteht darin, mit ihrem Vorwissen (das allgemeine Weltwissen, das Wissen über bestimmte Situationen usw.) das Gehörte einzuordnen und den allgemeinen Sinn und Kontext zu erfassen. Dabei hilft auch das Heraushören bestimmter Geräusche (wo ist das?) oder das Erkennen bekannter Wörter und Strukturen. Beim globalen Hören wird auch geübt, über unbekannte Wörter hinwegzuhören, weiterzuhören und nicht abzuschalten, wenn man mal etwas nicht versteht. Die Chance im Unterricht besteht darin, dass man die Hörtexte mehrmals hören und zwischendurch darüber sprechen kann.

Tipp

- Mögliches Vorgehen: Hören in Wechselgruppen
  Setzen Sie die LD in Gruppen. Der Text wird gehört. Die Gruppen unterhalten sich (Muttersprache / andere Sprache/n) darüber, was sie verstanden haben: Mehrere Personen verstehen mehr als jede/r Einzelne.
  Dann wechselt ein Teil der Gruppe in eine andere Gruppe.
  Die „Wechselgruppen" unterhalten sich darüber, was sie jeweils verstanden haben. Das ist meist mehr, als das, was in den Ursprungsgruppen verstanden wurde. Der Text wird nochmals gehört: Nochmaliger Austausch über das Gehörte, das Verständnis wird noch einmal vertieft.
  Bei einfacheren Texten genügt auch die erste Runde, ob auch bei diesem Hörtext, müssen Sie ausprobieren.

Lernstation **Seite 78** Hörstrategie Hörtext 35

- Selektives Hören (derselbe Text):
  Die LD lesen nun zuerst die aufgelisteten Stichwörter. Beim nochmaligen Hören versuchen sie gezielt, die im Hörtext genannten Stichwörter herauszuhören (zum selektiven Hören siehe S. 32 f., 56)

Magazin **Seite 34 / 35**
Lernstation **Seite 78**

- Die Doppelseite dokumentiert die Fantasie der Marketing-Strategen. Geben Sie den LD genügend Zeit für gemeinsame Entdeckungen auf dieser Seite: Der Spaß soll das Ziel sein.
- Planspiel: Wenn sie wollen, können die LD für ihr Planspiel eines der Produkte auswählen.
- Im weiteren Unterrichtsverlauf kann man auf die Doppelseite im Magazin zurückkommen und verschiedene Anschlussaufgaben lösen, z. B.:
  - Mozart-Tragetasche packen.
  - Werbetext für den Nannerl-Wäschesack: Wer soll ihn benutzen? In welcher Situation?
  - Spekulieren über den Mozart-Saal (S. 35 unten rechts): Was ist passiert? Was soll man geben?
  - Zusammenhang zwischen: Mozart – Amerika – Berlin – Luftbrücke?
  - Was gibt es im Mozart-Wohnhaus zu sehen?
  - Was ist 2006 los? Warum sollen gerade dann die „Kassen kräftig klingeln"?

  ...

Lernstation **Seite 78 / 79**

- Börsen-Gewinnspiel:
  Hier wird eine andere wichtige Lesestrategie zum ersten Mal angewandt: Fragen an den Text stellen. Weitere Fragen können sein: An wen wendet sich der Text? Wer hat den Text geschrieben / veröffentlicht? Wo findet man den Text? Was soll man tun? „Mozart" – „Bank Austria": Wie passt das zusammen?

Magazin Seite 36/37
Lernstation Seite 79
A 2

♦ Mozart „zum Essen“:

– Die erste Aktivität können die LD mit Hilfe des englischen Textes lösen. Dabei müssen sie von den englischen auf die deutschen Wörter schließen.
  Die Strategie ist bekannt: aktiver Umgang mit vorhandenen Kenntnissen in anderen Sprachen, um Unbekanntes, Neues zu verstehen.
– Auch hier könnte man wieder ein paar ähnliche Wörter zusammenstellen.

Deutsch	**Englisch**
Komposition	composition
Komponist	composer
Marzipan	marcipan
Nougat-Creme	nougat creme
rollen	to roll
Schokolade	chocolate

Magazin Seite 38/39
Lernstation Seite 80
A 3

♦ Mozart zum Lesen, Hören und Erzählen:

Auch dass über Mozart immer wieder neue Bücher geschrieben werden, zeigt seine Aktualität.

Die Aufgabe entspricht einer natürlichen Situation: Jemand sucht ein bestimmtes Buch und orientiert sich schnell mit Hilfe des Titelbildes und des Werbetextes (globales Lesen). Für die LD gibt es eindeutige Hilfen: Für die Zuordnung von Titelseite und Werbetext natürlich die Farbe der Buchumschläge, dann aber auch inhaltlich, z. B.: *du*-Form und Bild von einem kindlichen Mozart: *Ich heiße Wolfgang und du?* (Bei Großschreibung schreibt man ß als Doppel-S).

Die Werbetexte sollen auf keinen Fall weiter bearbeitet werden.

Lernstation Seite 80
Aktivitäten: Wählen Sie!
Hörtext 36

♦ Mozart-Rock: Falco, der bekannteste österreichische Austropop-* sänger wurde als Hans Hölzel am 19. Februar 1957 in Wien geboren. Im März 1986 lag er mit „Amadeus“ vier Wochen lang an der Spitze der amerikanischen Hitparade, auch in England kam „Amadeus“ auf Platz 1. 1996 verlegte Falco seinen Wohnsitz in die Dominikanische Republik. Für die Fangemeinde unfassbar, verunglückte er dort am 6. Februar 1998 tödlich. Auf der Website <www.falco.at/titelsei.htm> können Sie und Ihre Lernenden mehr über Falco und seine Musik erfahren.

Tipp

– Ungeordnetes Hören:
  Beim mehrmaligen Hören des Liedes sollen die Lernenden alles notieren, was sie verstehen, sich mit den anderen darüber austauschen, ihre Notizen jeweils ergänzen. Da das Lied sehr rockig ist, ist das Heraushören von Wort- und Textschnipseln nicht leicht.

* Astropop = die Musikrichtung

Lernstation **Seite 81**
Tipp

- Interviews: Vorschlag zur Durchführung
  Die LD sitzen beim Hören in Gruppen zusammen, machen sich Notizen, sprechen darüber, was sie verstanden haben, freuen sich (hoffentlich!), dass sie jetzt mehr verstehen als am Anfang der Lernstation. Austausch in der Klasse nur nach Wunsch.
- Mozart erzählen: Vorschlag zur Durchführung
  - Die Geschichte wird chronologisch erzählt. Die LD erheben sich und gehen vor die Klasse. Bringen Sie ein langes Seil mit, der / die erste bekommt das Seil in die Hand, macht einen Knoten und beginnt mit der Geschichte. Der / Die nächste macht auch einen Knoten und erzählt weiter usw. Das Seil verbindet alle und symbolisiert „den roten Faden", den Zusammenhang der Geschichte. Jede/r bekommt genügend Zeit zum Nachdenken, zur Korrektur.
  - Sprachgymnastik:
    In **a** soll die ganze Geschichte noch einmal in der chronologischen Reihenfolge erzählt werden, aber mit Tempo.
    In **b** entsteht ein Textpuzzle: Eine Person dirigiert per Handzeichen, wer seinen Textteil sprechen soll (nicht in der ursprünglichen Reihenfolge). Wer dran war, lässt das Seil los. Am Ende liegt das Seil auf dem Boden – der Text zerfällt.

Mozart im Internet
Lernstation **Seite 82**

Wer Lust hat, kann im Internet recherchieren und den anderen erzählen, was er oder sie dort Interessantes über Mozart gefunden hat.
Weitere Adressen:
http://www.aeiou.at/mozart/htm
http://www.welleg.bildung-rp.de/projekte/mozart/mozart/htm (interaktive Seite)
http://www.klassik.com/de/magazine/people/mozart/
(Bitte überprüfen Sie immer, ob es die Internet-Seite noch gibt.)

10-Minuten-Parcours
Lernstation **Seite 83**
Nr. 4

- Lösungen:
  erste Silbe: Opernball, Nachtmusik
  zweite Silbe: Musikstück, Klavierkonzert, Konzertreise

Lernstation **Seite 84**
Nr. 10

- Mögliche Lösungen:
  Musikstück
  Rock**musik**
  Musiklehrerin
  Tanz**musik**
  Musik-Café

Nr. 13

Sie finden die Liedzeile im Magazin auf S. 32.

Lernstation **Seite 85**
Nr. 15

- das Klavier, das Herz, die Sonne

Lernstation 4: Kommunikation im Alltag: Zahlen – Daten – Fakten

In dieser Lernstation steht nicht ein bestimmtes Thema im Mittelpunkt, sondern Alltagssituationen und kommunikative Lernziele.

Der Geburtstag bildet einen besonderen Schwerpunkt, weil hier Zahlen, Alters- und Datumsangaben einen persönlichen Bezug bekommen und dieses Thema viel interkulturellen Gesprächsstoff liefert.

Zahlen – zählen

Magazin **Lernstation**	**Seite 40/41** **Seite 93** A 1	Der Text im Magazin dient der Einstimmung ins Thema: Der Mensch als statistische Zahl (in diesem Fall „Herr und Frau Schweizer"). Die LD sollen hier die Erfahrung machen, dass sie auch aus einer großen Textmenge interessante Informationen herausholen können. Sie sollen sich daher nicht zu lange mit diesem Text befassen. Sie sollen nur herausfinden, worum es geht und einige wenige Zahlenwerte heraussuchen und notieren, z. B.: 215 Kinder pro Tag geboren, 210 Liter Trinkwasser pro Tag usw. Über die „Fundstücke" kann man sich in der Klasse kurz unterhalten und dann den Text weglegen. Siehe auch die allgemeinen Bemerkungen zu den Lesestrategien auf S. 19. Zahlenfanatiker dürfen sich natürlich auch länger damit befassen, Statistiken zeichnen …
Lernstation	**Seite 93** A 2. a	Variante: Die Aufgaben werden zwischen Gruppen aufgeteilt. Es ist beabsichtigt, dass die LD sich in der Klasse bewegen.
Lernstation	**Seite 94** A 2. b	Die „Zahlen als Wörter" findet man unten auf den Seiten neben den Seitenzahlen und in der „Grammatik-Nachlese" S. 189/190 ff.
Lernstation	**Seite 94** A 4. a 1–3 LK	In **D-A-CH** spielen sehr viele Leute Lotto. Es gibt auch sogenannte Lotto-Gemeinschaften, d. h. feste Gruppen, die immer zusammen spielen. Manche Leute spielen jedesmal mit denselben Zahlen, ihren „Glückszahlen" (Geburtstage, Jahrestage usw.). Auf dem Lottoschein sind 12 Spielfelder. In jedem Feld können 6 Zahlen markiert werden. Je mehr Spielfelder man benutzt, um so größer sind die Gewinnchancen. 2. Die LD sollen für jedes Spiel ermitteln, wie viele Gewinnzahlen sie angekreuzt haben. In 3. wird in der Klasse festgestellt, wie viele Personen drei Richtige oder vier Richtige oder … haben. Es gilt das Spiel mit den meisten Gewinnzahlen.
Magazin **Lernstation**	**Seite 42/43** **Seite 95** A 5	Wir geben hier Annäherungswerte mit einer Marge von 10 Stück mehr oder weniger, am Rand lässt sich manches schlecht zählen. Natürlich ist das Ganze sowieso nur als Spaß gemeint, dabei geht es darum, mit höheren Zahlen zu jonglieren. Auf manchen Jahrmärkten und Quartierfesten gibt es solche Schätzwettbewerbe mit Bällen in Eimern usw. Ein weiteres Ziel dieser Übung ist die Verwendung von Pluralformen.

Es sind etwa:
? Dachziegel (hier haben wir gestreikt), 200 Bücher, 36 Löcher im Käse, 240 Holzstücke, 40 Teller und kleine Schüsseln, 120 Knöpfe, 50 Menschen (bei einem Marathonlauf in Wien), 50 Äpfel, 40 Mikados (ein Spiel, bei dem man einzelne Stäbchen herausziehen muss, ohne dass die anderen sich bewegen), 160 Kerzen.

Lernstation **Seite 97**
A 9
Aktivitäten: Wählen Sie!
Tipp

- Die Lösung des Zahlenrätsels ist 2002.
- Vorschlag für eine weitere spielerische Übung: LP beginnt mit 1, dann wird in der Klasse laut weitergezählt, aber nicht reihum, irgendein LD sagt die nächste Zahl. Es dürfen nicht zwei gleichzeitig sprechen, sonst fängt es wieder von vorne an. Wie weit kommt die Klasse?

Interkulturelles Fenster
Lernstation **Seite 98**
Infobox
LK

Hier erscheint die Rubrik „Interkulturelles Fenster" zum ersten Mal. Aber auch in den vorhergehenden Lernstationen wurde Interkulturelles immer wieder thematisiert (siehe dazu Punkt 2, S. 16).
„Gute Zahlen":

- Die 3 ist die erste ungerade Primzahl. Sie symbolisiert die Synthese von Körper, Seele und Geist und gilt in vielen Kulturen als magische Zahl. Man findet sie auch häufig in Märchen: Die Helden werden dreimal in Versuchung geführt, müssen drei Rätsel lösen usw. Redewendung: Er kann nicht bis drei zählen. = Er ist sehr dumm.
- Auch die 6 ist in vielen Kulturen und Religionen eine magische Zahl: Christentum: Die Welt wurde in sechs Tagen geschaffen, der Mensch am 6. Tag. Zwei mal sechs ist zwölf: Die Zahl der Jünger Jesu, das Jahr hat 12 Monate usw.
- Die 7 gilt schon immer als besondere Zahl, oft gilt sie auch als Unglückszahl. Es gibt im Deutschen eine ganze Reihe Wendungen mit der Zahl 7, z. B.: „Pack deine Siebensachen." = Verschwinde, nimm alles mit, was dir gehört. „Siebenmeilenstiefel" = Wunderstiefel aus einem Märchen, mit denen man sehr schnell gehen kann usw.
- „7 magere, 7 fette Jahre" = ein Bild aus dem alten Testament. Es drückt aus, dass auf gute Zeiten schlechte Zeiten kommen (können) und umgekehrt.
- „7 Weltwunder" = Die im Altertum berühmtesten Bauten: Die Pyramiden von Gizeh, die hängenden Gärten der Semiramis in Babylon, der Tempel der Artemis in Ephesos, die Zeusstatue in Olympia, das Mausoleum in Halikarnassos, der Koloss von Rhodos und der Leuchtturm auf der Insel Pharos bei Alexandria / Ägypten.
- Das Märchen ist „Schneewittchen" (Brüder Grimm).
  „Schlechte Zahlen":
  Die 13 gilt im Allgemeinen als Unglückszahl. In Hotels gibt es darum oft kein Zimmer mit der Nummer 13.

Reihenfolge, Datum, Jahreszahlen

Lernstation	**Seite 100** A 1. b Hörtext 43	In dieser kleinen Übung sollen neue Wörter über das Hören mit dem Schriftbild identifiziert und geschrieben werden. Es kann dann in der Klasse spekuliert werden, was Claudia wohl macht.
Lernstation	**Seite 101** A 2. b A 2. c	♦ Hier soll auch der Wochentag ergänzt werden. ♦ Die LD sollen erst einmal alle Beispiele in der Grammatikbox lesen und in der Mini-Gruppe versuchen, Regelmäßigkeiten zu entdecken. Erst danach sollte nach den „besonderen Formen" (erste, dritte) gefragt werden.
	Regel	Regelmäßig bis 19: Zahl + te Regelmäßig ab 20: Zahl + ste
Lernstation	**Seite 102** Sprachbox	♦ Die Zahlwörter werden groß geschrieben, wenn sie als Substantive gebraucht werden: der Siebte, am Dritten, fünfzehnter Siebter.
Lernstation	**Seite 103** A 4. a Strategie	In **Dimensionen** wird das Vorlesen an ausgewählten „schönen" Texten geübt in Vorbereitung u.a. auf das Vorlesen eigener Texte. Wie man dabei vorgehen kann, wird hier gezeigt. Für das Vorlesen kann man ganz bewusst, wie ein Profi-Sprecher, Pausen, Melodieverläufe, Akzente und Emotionalität planen. In Gruppen macht es mehr Spaß, das laute Lesen vorzubereiten.
Magazin **Lernstation**	**Seite 44** **Seite 103** A 4. c	♦ Simulation: „Konstanze" liest Mozarts Brief halblaut. Eingestreut sind kleine Kommentare zu Wolfgangs Briefezählerei. ♦ Seit 1789 hat sich die Sprache verändert, z. B.: Orthographie, Wortschatz, Datumsangabe ... Darum ist der Brief in der Lernstation behutsam an modernes Deutsch adaptiert. Es geht in der Aufgabe nicht um einen detaillierten Vergleich, sondern um den globalen Eindruck einer Sprachentwicklung.
Lernstation	**Seite 104**	Hier soll besonders darauf hingewiesen werden, dass im Deutschen bei den Zahlen für Jahrhunderte nicht in Tausendern gezählt wird. In anderen Sprachen ist dies oft anders.

Geburtstag, Namenstag, Glückwünsche, Geschenke

Lernstation	**Seite 105** A 1 LK	In den deutschsprachigen Ländern ist der Geburtstag für viele Menschen (besonders für Kinder) ein wichtiger Tag, den sie feiern. Insbesondere „runde" Geburtstage (20, 30, 40, etc.) werden speziell gefeiert. Für Katholiken ist auch der Namenstag wichtig, der im Kalenderjahr einem Heiligen des gleichen Namens gewidmet ist. Es gibt Länder, in denen der Geburtstag keine Bedeutung hat oder in denen nur der Namenstag gefeiert wird.
Lernstation	**Seite 107** A 2 LK	In **D-A-CH** ist es nicht sehr höflich, Erwachsene, vor allem Frauen, direkt nach dem Alter zu fragen: Das wahre Alter wird gern verschwiegen, weil Älterwerden, „alt sein", häufig als negativ empfunden und gesellschaftlich nicht anerkannt wird. Alle wollen jung sein. Auch auf dem Arbeitsmarkt haben ältere Menschen ab 50 weniger Chancen.

Die Frage *„Tabu oder nicht tabu?"* soll in der Muttersprache / in anderen Sprachen diskutiert werden. (A / bair.: Schmarrn = Blödsinn)

Interkulturelles Fenster

Magazin **Seite 45**
Lernstation **Seite 108**
A 1

♦ Globales Lesen: (siehe dazu auch die Bemerkungen zu den Lesestrategien unter Punkt 4 auf S. 19 f.)

– Die LD sollen den Text kursorisch / global, d. h. überblicksartig lesen und gemeinsam Antworten auf die drei genannten Fragen suchen. Dabei dürfen sie der LP höchstens drei Fragen stellen. Sie müssen sich also genau überlegen, was sie unbedingt verstehen müssen, um die Fragen beantworten zu können. Ziel der Leseübung ist es, dass die LD Techniken entwickeln, um auch aus einem längeren, schwierigen Text die wesentlichen Aussagen herauszufinden und um Wichtiges von Unwichtigem zu unterscheiden. Der Text soll nicht weiter bearbeitet werden.
– Zum Hintergrund der Geschichte: In manchen Ländern in abgelegenen Gegenden spielt das Geburtsdatum keine Rolle und wird auch von Amts wegen nirgendwo registriert. Sinasi Dikmen beschreibt als Satire, welche Probleme das mit sich bringen kann, wenn diese Menschen in eine andere Gesellschaft kommen. In der Geschichte fährt der Erzähler in sein Heimatland und versucht, sein Geburtsdatum herauszubekommen, indem er Familienangehörige, Nachbarn usw. befragt. Er bekommt kein eindeutiges Datum, sondern Antworten wie z. B. von seiner Schwester: „Du bist an dem Tag geboren, an dem ich deinen Schwager zum ersten Mal getroffen habe." oder vom Dorfältesten „Du bist an dem Tag geboren, an dem der Gouverneur ins Dorf gekommen ist. Es war sehr heiß." Unverrichteter Dinge fährt der Erzähler wieder nach Deutschland zurück.
  Sinasi Dikmen wurde 1945 in der Türkei geboren und lebt seit 1972 in Deutschland. Seit 1979 schreibt er satirische Geschichten und Theaterstücke.

Lernstation **Seite 108**
Lesestrategie

♦ Globales Lesen:
Die Menschen haben verschiedene Arten, einen Text global zu lesen, mit den Augen zu erfassen. Einige haben wir hier zusammengestellt. Es ist sinnvoll, sich einmal bewusst zu machen, wie man an einen Text herangeht oder herangehen kann, wenn man ihn nicht Wort für Wort, sondern global erfassen möchte. Hier kann man auch Erfahrungen der LD aus dem muttersprachlichen Lesen aufgreifen. An dieser Stelle geht es um die Bewusstmachung und Reflexion. In der Lernstation 5, S. 144–149 werden diese „Lesebewegungen" an einem anderen Text erprobt

Magazin **Seite 46 / 47**
Lernstation **Seite 109**
A 2. a–c

♦ Lösungen:
Text 2: Michele / Ruanda … den 1. Geburtstag.
Text 3: Paulina aus Polen … nach 30 nur noch den Namenstag.
Text 4: Suleiman aus Jordanien … den Geburtstag des Königs.
Text 5: Maria aus Peru … den 15. Geburtstag.

Text 6: Ralitza aus Bulgarien … Lied im Radio.
Text 7: Tereza aus Tschechien … sogar zweimal.
Text 8: Eric aus der Schweiz … runde Geburtstage.
Text 9: Nina aus Schweden … Geschenke und eine Torte ans Bett.

- Die Fülle der Ergebnisse aus den Texten 1–9 und der Texte der Lernenden (c) zeigt, wie unterschiedlich Geburtstage gefeiert werden. Auch in den **D-A-CH**-Ländern feiern nicht alle gleich. Einiges wird in dieser LS gezeigt.

Magazin **Seite 48 / 49**
Lernstation **Seite 110**
A 3. d
LK

- Zwei der Gratulationstexte sind in Schweizerdeutsch geschrieben. Auch die Seitenüberschrift im Magazin „Alles Gueti zum Geburtstag" ist Schweizerdeutsch.
- Zur Sprachsituation in der deutschsprachigen Schweiz siehe S. 31. Hier noch einmal der Hinweis, dass im Allgemeinen Hochdeutsch geschrieben wird, Postkarten und kleinere Anzeigen manchmal auch im Dialekt. Die LD sollen natürlich nicht schweizerdeutschen Dialekt lernen, aber sie sollen dafür sensibilisiert werden und ihre Kombinationsfähigkeit an kleinen Texten erproben. Auffallend ist, dass im Dialekt -s vor -t wie -sch geschrieben und gesprochen wird und dass lange Vokale diphtongiert werden (guet = gut; Gruezi = Grüß dich).
- „Übersetzungen":
  - Die beste Frau und Mama wird heute 30! Wir haben dich ganz fest lieb. Alles Gute zum Geburtstag, dein Schatz Lisa und der Cedric
  - Lieber Hermann, zu deinem 21. Geburtstag gratulieren wir dir ganz herzlich und wünschen dir nur das Allerbeste.
- Wie das gesprochen klingt, hören Sie in der **D-A-CH**-Phonetik dieser Lernstation (Hörtext 60).

Magazin **Seite 48 / 49**
D-A-CH-Box

- Die Glückssymbole:
  Marienkäfer, Kleeblätter, Fliegenpilze, Hufeisen und Schweine gelten als Glücksbringer.
  Vierblättrige Kleeblätter sind selten, wer eins findet, „hat Glück". Die Marienkäfer sind Vorboten des Frühlings, der schönen, warmen Jahreszeit. Der Fliegenpilz ist giftig, für Menschen tödlich. Um die Gefahr zu bannen, wird er zum „Glückspilz", Glücksbringer gemacht.
  Redewendung: *Du bist ein Glückspilz.* = Du hast Glück. „Schwein haben" bedeutet ebenfalls „Glück haben". Siehe auch das Sparschwein im Magazin S. 59. Auch die Schornsteinfeger gelten als Glücksbringer, weil sie früher durch das Reinigen der Kamine die Städte vor Bränden bewahrten.
- Die Varianten „Rauchfangkehrer" und „Kaminfeger" sollen nicht gelernt werden.

Lernstation	**Seite 111** A 5. b LK	♦ Pünktlichkeit heißt in **D-A-CH** zur angegebenen Uhrzeit da sein – nicht etwa früher und auch nicht mehr als 5–10 Minuten später. Bei Partys ist es häufig so, dass eine ungefähre Uhrzeit angegeben wird, z. B. ab 19 Uhr. Das heißt aber, dass man nicht später als 20 Uhr kommt. Wenn die Gastgeber zum Essen einladen (*„Es gibt etwas Warmes."* oder *„Wir laden Sie zum Essen ein."*), muss man unbedingt zur angegebenen Uhrzeit kommen, denn alle sollen gemeinsam das warme Essen essen. Zu spät kommen wird in diesem Fall als unhöflich empfunden. ♦ U. A. w. g. = Um Antwort wird gebeten: Wenn warm gekocht wird, wird Wert auf eine Rückantwort gelegt, so dass mit der genauen Anzahl der Gäste geplant werden kann. Bei vielen Leuten wird das alles heutzutage aber nicht mehr so genau genommen. Es empfiehlt sich auf jeden Fall, sich zu vergewissern, was mit der Einladung genau gemeint ist. Zu einer Einladung zum Essen wird in der Regel ein kleines Geschenk mitgebracht, Blumen, ein Flasche Wein, ein Büchlein usw.
Magazin **Lernstation**	**Seite 50 / 51** **Seite 112** A 5. d	♦ Fotoroman 1. Teil: Irgendwo … in einem Land … Ein Gast aus **D-A-CH**, der sich vorübergehend beruflich dort aufhält, wird zu Beginn des Aufenthalts von Kollegen zum Abendessen eingeladen. Im Fotoroman werden verschiedene Vorstellungen von Pünktlichkeit dargestellt. Es gibt viele Länder, in denen die Angabe einer Uhrzeit nur als ungefährer Hinweis gilt, ab wann etwa man kommen darf. Später kommen gilt als normal. Dabei gibt es doch meist einen bestimmten Zeitrahmen, der eingehalten wird. Die LD sollen die Geschichte mit Vergnügen lesen und mit den Gepflogenheiten im eigenen Land in Beziehung setzen.
Magazin	**Seite 60 / 61** Tipp	♦ Im Fotoroman 2. Teil (Lernstation 5) sieht man, wie es weitergeht. LP ist frei, mit Bildern und Texten länger zu arbeiten, so lange es Spaß macht. ♦ In den Sprechblasen kommen die Modalverben *müssen* und *können* in verschiedenen Formen kommunikativ vor. Sie können die Gelegenheit nutzen, an dieser Stelle darauf hinzuweisen und die Formen bewusst zu machen. Sie finden Sie in der „Grammatik-Nachlese" auf S. 186.
Lernstation	**Seite 112** Sprachbox	Hier kommt als weiteres Modalverb *mögen* dazu.
Magazin **Lernstation**	**Seite 52 / 53** **Seite 113** A 7 LK	Blumensprache: Es gibt in **D-A-CH** einige wenige Konventionen, die man beachten muss: Im privaten Bereich sind rote Rosen ein deutliches Zeichen für Verliebtheit / Liebe; weiße Lilien sollte man vermeiden, außer man weiß, dass die Person sie mag. Chrysanthemen, die hier nicht abgebildet sind, gelten als Friedhofsblumen. Alle anderen abgebildeten Blumen kann man ohne Probleme verschenken.

Lernstation **Seite 114**
A 8. b
Hörtext 52
d

- In **D-A-CH** ist es üblich, dass man ein Geschenk gleich auspackt und sich dafür bedankt. Schönes Papier wird oft gefaltet und aufbewahrt.
- Hier sollen richtige Wendungen erkannt und gelernt werden. Kleine Unterschiede (z. B. richtig: *ich bedanke mich* (sich bedanken) ↔ falsch: ich danke mich – richtig: *jemandem danken für ...*) entscheiden hier über falsch und richtig.
  2. a: *„Ich schenke Ihnen ein Geschenk"* ist zwar grammatisch nicht falsch, aber unbeholfen.
  Dasselbe gilt für 4. b.
  Bei 5 geht es um den Unterschied zwischen *packen* und *auspacken*.

Magazin **Seite 54 / 55**
LK

In diesen satirischen Cartoons geht es um die Grenze zwischen erlaubten und empfohlenen Geschenken und unerlaubter Beeinflussung durch Geschenke. Die Überschrift ist ein Teil der Wendung *„Kleine Geschenke erhalten die Freundschaft"*. Kleine „Bestechungsversuche" gibt es zwar wohl überall, auch in **D-A-CH**. Beamten sollte man aber auf keinen Fall etwas zustecken, keinesfalls Polizisten oder Zollbeamten. Man bedankt sich meist hinterher mit Worten für Gefälligkeiten und Hilfen. Lehrpersonen dürfen höchstens kleine Aufmerksamkeiten wie einen netten Blumenstrauß, eine kleine Schachtel Pralinen, ein passendes Büchlein entgegennehmen. Im Krankenhaus ist es dagegen üblich, der Krankenstation ein kleines Geldgeschenk „für die Kaffeekasse" zu geben; dem behandelnden Arzt / der behandelnden Ärztin darf man nach einer gelungenen Operation gerne eine Anerkennung in Form eines Sachgeschenks überreichen. In D und A ist es durchaus üblich, dem Briefträger, dem Schornsteinfeger, den Männern von der Müllabfuhr und dem Hausmeister zum Jahreswechsel ein kleines Geldgeschenk in einem Briefumschlag zu geben, in der Schweiz nicht.

Magazin **Seite 56 / 57**

- Zu den Bildern: Das Bild mit den Störchen stammt aus Österreich und zeigt an, dass hier vor kurzem ein Kind geboren wurde. (Kleinen Kindern erzählt man gern, dass der Storch Kinder bringt.) Solche Schilder findet man allerdings nur auf dem Land. In der Schweiz gibt es ähnliche Bräuche, auch mit anderen Tierfiguren.
- Wie man sieht, werden runde Geburtstage besonders gefeiert, die Kerzen auf der Geburtstagstorte muss das „Geburtstagskind" auf einmal ausblasen.
  Das fünfte Foto zeigt eine Geburtstagsfeier im Büro.

Magazin **Seite 57**
Lernstation **Seite 117**
A 12. a–h

- Der Lesetext, der hier bearbeitet wird, stammt aus einem „Benimmbuch". Wie der Name schon sagt, wird in solchen Büchern vermittelt, wie man sich „richtig" benehmen soll, z. B.: korrekte Begrüßung, Tischsitten, Titel und Anreden. Diese Regeln widerspiegeln gewisse Normvorstellungen eines Teils der Gesellschaft. Man darf sie also nicht verallgemeinern. Wir haben diesen Text gewählt, weil hier der Geburtstag im Firmenalltag beschrieben wird.

Hörtext 53 ♦ Im Gespräch zweier Deutscher (S. 119, **h**) wird klar, dass der Text einen Teil, aber nicht die ganze Realität zeigt. Fakt ist, dass Geburtstage in den Firmen und Institutionen immer in irgendeiner Form gefeiert werden (müssen).

Lesestrategie ♦ An diesem Text werden einige Lesestrategien und Aufgabenformen aus der Zertifikatsprüfung (**d, e, f**) angewandt. Es geht hier vor allem darum, diese Strategien und Aufgabenformen kennen zu lernen und darüber zu sprechen.

Seite 119

Die Lesestrategien werden genannt und in Form einer Aufgabe bewusst gemacht: Die LD werden aufgefordert, die Schritte **a–f** noch einmal im Hinblick auf die Strategie der Texterschließung, die jeweils angewandt wird, zu überprüfen. Um die LD nicht zu überfordern, entspricht die Reihenfolge der Punkte derjenigen der gemachten Arbeitsschritte.

♦ Der Zugang zum Text geschieht zunächst über das vorhandene Hintergrundwissen und über die Arbeit mit dem Wortschatz (**a** + **b**). In **c** wird dieser Wortschatz in Beziehung zu eigenen Erfahrungen gesetzt. Erst danach nehmen die Lernenden das Magazin und die eigentliche „Arbeit am Text" beginnt. Sie geht vom Erkennen globaler Inhalte von Abschnitten (**d**), über das Interpretieren einzelner Äußerungen (**e**) zum detaillierten Lesen einzelner Sätze.

♦ Die LP soll hier genau bei der vorgegebenen Reihenfolge bleiben. Ziel der Textarbeit sind diese Aufgaben und nicht mehr. Weiterführende (Sprach-)Arbeit am Text ist nicht beabsichtigt. Natürlich kann in der Folge über die Inhalte diskutiert werden.

Hörtext 53 ♦ Das genau tun die beiden Deutschen in **h**, die die Aussagen des Textes relativieren.

Wie funktioniert die Sprache?

Lernstation **Seite 120** ♦ Personalpronomen:

A 1

Die beiden gezeichneten „Personen" kennen sich gut – so erklärt sich die spontane Einladung beim zufälligen Treffen. In den Sprechblasen wird bei den Verben (*ich wünsch' dir, ich lad' dich ein*) angedeutet, dass in der Umgangssprache das -e bei der ich-Form oft weggelassen wird.

♦ Die Akkusativ-Ergänzung wird hier also mit dem Personalpronomen eingeführt: *Er liebt sie*. Der Subjekt-Objekt-Bezug wird unmittelbar klar. (Siehe dazu auch „Grammatik", S. 27).

Regel ♦ Welche Verben Dativ haben, kann man aus der Bedeutung der Verben selbst nicht erschließen. Hier gibt es auch Unterschiede zu anderen Sprachen (z. B. steht beim Verb *helfen* im Französischen Akkusativ und nicht Dativ: Il m'a aidée). Die Verben mit Dativ muss man einfach lernen. Wenn Sie möchten, können Sie auch noch die Fragewörter *Wen?* (Akkusativ) und *Wem?* (Dativ) einführen. Hier tragen die beiden unterschiedlichen Fragewörter allerdings nichts zur Erklärung der Funktion bei. Systematisch eingeführt werden die Fragewörter *Wen?* und *Wem?* in LS 7, wo die Funktionen von Akkusativ- und Dativergänzungen im Satz systematisiert werden.

Lernstation Seite 121 A 2

Die Pp werden aus den konstruierten Texten herausgefunden. Die ausgefüllte Tabelle kann dann in der „Grammatik-Nachlese" (S. 183) überprüft werden.

Lernstation Seite 122 Strategie

- Eine gute Strategie für das Lernen der Personalpronomen kann je nach Herkunftssprache ganz unterschiedlich sein. Die LD haben hier häufig interessante und lerntechnisch gesehen erfolgreiche Ideen. In der „Grammatik-Nachlese" finden sie auch zwei Beispiele für die Darstellung in Tabellen. Andere sind möglich.
- Referenzen:
  Pp spielen eine wichtige Rolle im Text: Sie strukturieren ihn, führen durch den Text und sind ein wichtiges Stilelement, da durch sie Wiederholungen vermieden werden. Sie können das an diesem Text demonstrieren, indem Sie z. B. überall dort, wo auf Mozart referiert wird, „Mozart" einsetzen lassen.

Lernstation Seite 123

- Berliner Spruch: Typisch für das Berlinerische ist neben lautlichen Besonderheiten (*ik = ich; det = das*; Monophthongierungen wie *heeßt* und *ooch*), dass Dativ und Akkusativ nicht unterschieden werden.
- Übersetzung ins Hochdeutsche:
  Ich liebe dich,
  Ich liebe dich,
  wie es richtig heißt,
  das weiß ich nicht,
  das ist mir auch egal.
  Ich liebe dich auf jeden Fall.

Lernstation Seite 124 A 4

Ähnliche Einheitsgrußkarten gibt es auch zu kaufen. Vielleicht müssen Sie hier den LD noch einen kleinen Hinweis geben auf die unterschiedlichen Artikel (der Geburtstag, das Baby, die Hochzeit). Hier geht es nur um die Formulierung von Glückwünschen zu verschiedenen Anlässen (kommunikativ), um eine Sensibilisierung und erste Automatisierung der Verwendung von *zum/zur*. Von Dativ muss und soll hier nicht gesprochen werden.

Wie klingt die Sprache?

Lernstation Seite 125 A 2 Hörtext 56/57

- Konsonanten fortis-lenis am Wortanfang:
  Die deutschen Konsonanten müssen in ihrer Spannung unterschieden werden. Fortis-Konsonanten sind gespannt und stimmlos, Lenis-Konsonanten sind ungespannt (und in stimmhafter Umgebung stimmhaft, sonst geht die Stimmhaftigkeit ganz oder teilweise verloren). Bei [p, t, k] kann man die Spannung (starken Luftstoß) spüren, wenn man die Hand oder ein Blatt Papier vor den Mund hält.

A 3 Hörtext 58

- Konsonanten-Kombinationen:
  Wichtig an dieser Übung ist nicht, die genaue Zahl der Konsonanten festzustellen (das soll nur eine spielerische Herausforderung sein), sondern darauf zu achten, dass kein Konsonant beim Sprechen

		ausfällt oder Vokale zwischen die Konsonanten geschoben oder hinten angehängt werden.
	Seite 126 D-A-CH-Phonetik Hörtext 60	♦ Lösung: 1. A (Oberösterreich), 2. CH (Standard), 3. D (Schwäbisch), 4. CH (Standard)

Lernstation 5: Kommunikation im Alltag: Wann? – Wohin? – Mit wem?

Im Zentrum dieser Lernstation stehen Verabredungen und Treffpunkte im öffentlichen Raum. Dazu gehören die Uhrzeiten.

Zur Abfolge der „Haltestellen":

- Sie können die Abfolge der Haltestellen im Unterricht variieren: Sie können mit den Lesestrategien S. 144, A 5 beginnen. Zur Vorbereitung brauchen Sie dann die Redemittel aus der Sprachbox S. 140.
- Sie können auch mit „Wie funktioniert die Sprache" beginnen (S. 150 bis S. 157), dann die „Uhrzeiten" einführen und danach auf S. 158, A 3 weiterarbeiten.

Uhrzeit **Lernstation**	**Seite 137 / 138** A 1 Hörtext 63 / 64	♦ Einstieg über das Hören: Hier geht es um die offiziellen Zeitangaben (Ämter, Theater, Fernsehen, Radio, Bahnauskunft usw.) In beiden Übungen wird vor dem Hören über die Abbildungen gesprochen und darüber, worum es hier wohl geht.
	Aktivitäten: Wählen Sie! **Seite 138 / 139** A 2. a	♦ Hier werden die im privaten, mündlichen Gespräch verwendeten Uhrzeiten erarbeitet und geübt. Die Zeitangaben sind regional unterschiedlich (z. B.: Viertel nach 12. Viertel eins. 12 Uhr 15.). Diese Uhrzeiten müssen nicht alle gelernt werden. Je nach Unterrichtsort oder Vorliebe der LP kann für den aktiven Gebrauch ausgewählt werden. Die anderen Uhrzeiten müssen dann nur verstanden werden. Auf jeden Fall gilt: Die digitale / offizielle Zeitangabe wird auch im privaten Bereich von den Leuten in **D-A-CH** verstanden.
	b Hörtext 66	♦ Der Hörtext beginnt in normalem Tempo, die LP zeichnen die Uhrzeiten ein. Dann „läuft die Uhr immer schneller" ...
Magazin **Lernstation**	**Seite 58 / 59** **Seite 140** A 3. a–e	♦ So viele Uhrzeiten – so viele Uhren. Die Uhrennamen müssen nicht alle gelernt werden, aber Sie können die Gelegenheit nutzen, auf die Wortbildung aufmerksam zu machen (*Bahnhofsuhr, Sonnenuhr*). ♦ Bei **e** soll auch der Gebrauch von *erst* und *schon* geübt werden: *erst* = Es ist dort (z. B. in London) früher als beim Sprecher. *schon* = Es ist dort (z. B. in Moskau) später als beim Sprecher.
	Sprachbox	♦ Diese Ausdrücke sind für den Fotoroman im Magazin (Seite 50 / 51 und 60 / 61) und die Lesestrategien auf S. 144 –149 wichtig.

Magazin **Lernstation**	**Seite 60 / 61** **Seite 141** A 3. g LK	Das ist die Fortsetzung des Fotoromans von Seite 50 / 51. Es gibt eine zweite Einladung: Der Aufenthalt des Gastes aus Deutschland geht zu Ende. Beide Seiten haben etwas dazugelernt und verhalten sich entsprechend. Trotzdem geht es wieder schief. Am Ende herrscht Ratlosigkeit auf beiden Seiten. Fazit: Wenn interkulturelle Missverständnisse vermieden werden sollen, genügt es nicht, sich dem jeweiligen Gegenüber anzupassen, sondern man muss darüber sprechen. Die LD sollen die Fortsetzung mit Vergnügen lesen, mit eigenen Erfahrungen – wenn möglich – in Beziehung setzen. Die Diskussion über die Geschichte und ihre Hintergründe findet in der Muttersprache oder einer anderen Sprache statt.
Lernstation	**Seite 141** A 4. a	♦ Sprachgymnastik: Mit diesem Begriff werden Übungen bezeichnet, bei denen einzelne Strukturen automatisiert werden und mit der Zeit auch mit höherem Tempo gesprochen werden sollen. Das fördert das flüssige Sprechen.
	Seite 142 Hörtext 68	♦ Der Hörtext enthält sprechübliche Abweichungen vom geschriebenen Text.
Lernstation	**Seite 143** LK	♦ Sommerzeit / Winterzeit: In vielen europäischen Ländern werden im Frühjahr alle Uhren um eine Stunde vorgestellt, um das Tageslicht länger zu nutzen und dadurch Strom zu sparen. Im Herbst werden die Uhren wieder um eine Stunde zurückgestellt. Es hat sich allerdings gezeigt, dass der Spareffekt gleich null ist, trotzdem ist man bei der Umstellung geblieben. Man muss darauf achten, dass man auch die eigene Uhr umstellt, sonst kommt man am ersten Tag nach der Umstellung zu spät oder zu früh. Die Leute ärgern sich, wenn im Frühjahr diese eine Nacht eine Stunde kürzer ist, sie freuen sich, wenn sie im Oktober eine Stunde länger schlafen dürfen.
Magazin **Lernstation**	**Seite 62 / 63** **Seite 143 / 144**	♦ Viel Spaß beim Spiel! Dieses Spiel kann man auch alleine zu Hause spielen. Die Sprachbox bietet Redemittel für „Spielsprache“, so dass auch beim Spiel authentische Kommunikation auf Deutsch stattfinden kann.
	Hörtext 69	♦ Es handelt sich um eine Zusammenstellung authentischer Versprecher von Radiosprechern. Die Versprecher müssen sicher mehrmals gehört werden, bis die LD verstehen, was da falsch ist. Die LD können versuchen herauszufinden, worin der Versprecher besteht. Einige der Sprecher verbessern sich selbst. Es soll ein Spaß bleiben: also nicht zu lange dabei verweilen oder eventuell ganz weglassen.
Lernstation	**Seite 144 – 149** Lese-strategien	♦ Lesestrategien: Siehe auch das entsprechende Kapitel in Punkt 4 auf S. 19. Hier finden Sie ein und denselben Text fünfmal. Jedesmal sind nur gewisse Textteile lesbar, die anderen sind unleserlich gemacht.

A 5

Wenn Sie genau hinschauen, erkennen Sie die Muster von S. 108. Dort wurde über den eigenen Leseweg an einem bereits gelesenen Text reflektiert. Hier werden unterschiedliche Lesewege vorgegeben und aktiv erprobt. Die Überschrift steht jedesmal ganz da, sie gibt das Thema des Textes vor. Die LD sollen in der Folge die einzelnen Bausteine der Geschichte zusammentragen.

♦ Ziel dieser Aktivität:
Die LD trainieren, Lücken im Verstehen zu überbrücken, indem sie weiterdenken, Verbindungen schaffen zwischen einzelnen Informationen und mit anderen darüber sprechen. Die unleserlichen Textteile stehen hier für die Lücken im Verstehen im Kopf der Leser.

– Die mehrstufige Vorgehensweise wird in der Aufgabenstellung beschrieben. Wichtig ist der Wechsel der Gruppen, damit verschiedene Informationen über den Text aus unterschiedlichen Lesewegen zusammengetragen und ausgetauscht werden. Wer will, kann noch einen zweiten Gruppenwechsel vornehmen.

Tipp

– Voraussichtlich werden die LD bei dieser Übung die Erfahrung machen, dass sie die Hauptlinien der Geschichte trotz der Textabdeckung im Austausch mit den anderen gut erfassen: Mehrere finden mehr heraus als die Einzelnen.

  Diese Art von Texterschließung sollten Sie öfters durchführen. Die LD können auch Schablonen basteln, mit denen sie immer mal wieder Texte teilweise abdecken und das Erschließen unbekannter Textteile üben.

Magazin **Seite 64 / 65**

♦ Es besteht die Möglichkeit, den ganzen Text zu lesen und mit den vorher gefundenen Ergebnissen zu vergleichen. Die Intention ist nicht, den Text im Detail zu erarbeiten, sondern die Geschichte von Willi Kalk zu komplettieren. Sie wird später wieder aufgegriffen (S. 159, A 4).

Wie funktioniert die Sprache?

Lernstation **Seite 150–155**

In diesem Teil geht es um Treffpunkte in der Stadt.

A 1. a

♦ Wohin gehen die denn?
Aus der Situation eines vorübergehenden, ungewöhnlich gekleideten Paares werden die Fragestellung und mögliche Antworten (Lokal-Ergänzungen) entwickelt.
Die Lokal-Ergänzungen sollen als Wendungen gelernt werden!

♦ Vorgehensweise im Unterricht:

1. Die möglichen Zielorte identifizieren; einige Abbildungen helfen, viele Wörter sind Internationalismen. (In die „Volksschule" gehen die Kinder in Österreich 4 Jahre lang, in der Schweiz 5 oder 6 Jahre; in Deutschland gehen die Kinder 4 Jahre in die „Grundschule".) (LK)

A 1. b, Hörtext 70

2. Die Lokal-Ergänzungen werden als ganze Wendungen gehört und nachgesprochen.

Seite 151 / 152

3. Nach den Modellen in der Sprachbox fragen und antworten die LD reihum oder quer durch die Klasse (Ball zuwerfen). Es soll

	Sprachbox	ein „echter" Meinungsaustausch stattfinden, bei dem möglichst alle Orte genannt werden.
	A 2. a–d Hörtext 71 A 3. a–d Hörtext 72 / 73	Akzentmuster: ♦ Die Lokal-Ergänzungen werden nun unter phonetischem Aspekt wiederholt, geübt, gehört. ♦ Sprechmelodie: Die Melodie im Satz hat eine wichtige kommunikative Funktion. Sie signalisiert, ob es sich um eine Aussage oder eine Frage handelt. Hier wird die Standard-Melodie am Satzende geübt. Je nach kommunikativer Situation kann die Melodie auch bewusst anders eingesetzt werden.
	Regel	Die Standard-Regeln lauten: Die Melodie fällt in W-Fragen (und Imperativen). Die Melodie fällt in Aussagesätzen. Die Melodie steigt in Ja / Nein-Fragen (in Nachfragen und in emotionalen Äußerungen).
	Seite 152 A 4. a	♦ Lokal-Ergänzungen: Wohin? Mit Hilfe der vorgegebenen Beispiele schreiben die LD in Partnerarbeit weitere Beispiele in die Tabelle, z. B.

f.		m.		n.		
in	die Disko	in	den Jazzclub	ins	oder	in das Café
in	die Schule	in	den Zoo	ins	oder	in das Beisl
auf	die Computermesse	auf	den Opernball	aufs	oder	auf das Oktoberfest

Die „Wohin-Regel" lautet: Lokal-Ergänzung (Akkusativ):
Artikel f.: in die; Artikel m.: in den; Artikel n.: in das (ins = in das; aufs = auf das)

Die Regel wird besprochen, in der Tabelle markiert oder unten hinzugefügt. Eine tabellarische Übersicht finden die LD in der „Grammatik-Nachlese", S. 196 / 197.

	A 4. b	♦ Die LD fragen und antworten reihum oder quer durch die Klasse (Ball zuwerfen), z. B.: ♥ *Wohin gehst du nie allein?* ♣ *In die Disko.* (Kommunikativ, sprechüblich antworten lassen.)
	Seite 153 A 5. a–c	♦ Lokal-Ergänzungen: Wo? Gleiche Vorgehensweise wie in 4. Die „Wo-Regel" lautet: Lokal-Ergänzung (Dativ): Artikel f.: in der; Artikel m.: in dem (im = in dem); Artikel n.: in dem (im = in dem) Eine tabellarische Übersicht finden die LD in der „Grammatik-Nachlese", S. 196 / 197.
	Seite 154 Hörtext 74 / 75	Siehe Regel Seite 152.
Lernstation	**Seite 155** A 1. a–d	♦ Temporal-Ergänzungen / Temporal-Adverbien: Wann? Die Verwendung von *im* und *am* bei Temporal-Ergänzungen ist aus LS 3 und LS 4 bekannt. Sie wird hier wiederholt.

Seite 156 A 2. a–f

♦ Werden Sie Text-Profi!
Ziel der Aktivität:
Eine Geschichte zu den Bildern schreiben.
Die Aufgaben **a–d** dienen der Vorbereitung, die Bilder sind nicht in der richtigen Reihenfolge.

a. liefert Sprachmaterial, soll aber unabhängig von den Bildern gemacht werden. Es sollen möglichst viele Möglichkeiten ausprobiert werden, zum Beispiel: *Er verlässt das Büro. / Er verlässt seine Frau.*

d. Jedes Bild wird auf ein extra Blatt geklebt und ein Satz dazugeschrieben, z. B.: *Herr Müller schaut auf die Uhr.*
Die sind aber nicht an die vorgegebenen Sätze gebunden, eventuell kann auch das Wörterbuch benützt werden.

e. Die Einzelsätze werden jetzt zu einem Text verbunden. Erinnern Sie die LD auch an die Möglichkeiten, Referenzen zu benutzen.

f. Die Texte werden vorgelesen und in der Klasse korrigiert.

Tipp

Vorschlag:
Die LD können darüber spekulieren, was Frau Müller den ganzen Tag macht, z.B: sie jobbt heimlich als Model, sie trainiert für den Marathon, etc.

Lernstation **Seite 158** A 3. a

Das „Zeitenrad“: die visuelle Darstellung hilft bei der Memorierung der Regel.

Lernstation **Seite 159** A 4. a

♦ Lückentext:
Die Antwort auf die letzte Frage lautet: Er hat vergessen, den Wecker erneut zu stellen.

Grammatikbox

♦ Sie dient nur dazu, die Präteritumformen aus dem Text zu erklären und für Aufgabe **c** verwendbar zu machen.

c

♦ Jetzt wird die Geschichte mit einer weiblichen Person erzählt. Dabei stolpern die LD vielleicht über den Stil der Geburtstagsfeier („Freunde, trinken, singen“) und ändern etwas. Sie werden das Possessivpronomen bei „sein Arbeitstag“ und „sein Kopf“ verwenden.

Tipp

Nutzen Sie die Gelegenheit, an dieser Stelle schon einmal auf den Unterschied zwischen männlichem und weiblichem Possessivpronomen hinzuweisen, ohne die Sache zu vertiefen (kommunikative Einführung).

Verabredung

Lernstation **Seite 162** A 1

♦ Sich verabreden:
Die LD laufen in der Klasse herum und suchen ihre Partner/Partnerinnen. Dann stellen sie gemeinsam „ihren“ Termin und Treffpunkt vor: Jede/r sagt etwas.

Lernstation **Seite 163** A 1. b 2

♦ Lösungen:
D 1: Im Podium. – Um 8.
D 2: Im Papiermuseum, am Eingang. – Um 2.
D 4: Am Sonntag.

	Seite 164 A 2 Hörtext 78	♦ Redemittel aus den Dialogen: Einstieg / Anrede: D 1: Du, Maria ... D 2: Ah, grüß dich, Janette ... D 3: Gabi, ... D 4: Hallo, Martina ... D 5: Übrigens, was machst du ... Zusage / Absage: D 1: Oh ja, gern. (Zusage) D 2: Warum nicht? (Zusage) D 3: Ach, das tut mir aber Leid. (Absage) D 4: Hej, toll ... (Zusage) D 5: Ja, warum nicht? Aber heute ... (Absage) Verabschiedung / Gesprächsende: D 1: Tschüs. D 2. Also dann um zwei am Eingang, tschau, bis dann. D 3: ... ich hab' schon was vor. D 4: Wo und wann treffen wir uns? D 5: Gut, bis morgen dann, baba. – Tschau.
	Aktivitäten: Wählen Sie! Strategie	♦ Theaterszenen: Variante A: Die Gruppen können in einem ersten Schritt nach dem Modell des Strategiekastens vorgehen und in einem zweiten einige Gespräche ganz frei sprechen. Variante B: Die beiden Aufgaben können auch unter verschiedenen Gruppen aufgeteilt werden. Die stärkeren Schüler haben nur den Impuls „Rollenkarte" und spielen frei, die schwächeren können die Gespräche zunächst vorstrukturieren und dann spielen. Die Gespräche sollten auf Kassette aufgenommen werden, so dass die Spieler sich danach selbst hören können.
Magazin	**Seite 66/67** LK	♦ Veranstaltungskalender: Die Veranstaltungsplakate sind auf einer Werbefläche der österreichischen Firma „gewista" angebracht. Diese Firma vermietet öffentliche Werbeflächen. Die Aufgabe ist gelöst, wenn zwei Partner sich gefunden haben. ♦ Information zu „Drei von der Tankstelle". Das Musical handelt von drei Freunden und einer schicken jungen Frau im Cabrio, die die Freundschaft der drei auf eine harte Probe stellt.
Lernstation	**Seite 165**	♦ Circus Roncalli: Variante 1: Wer Lust hat, in den Circus zu gehen, sucht einen Partner/eine Partnerin. Variante 2: Der Kartenbesitzer kann selbst nicht gehen. Er/Sie muss zwei Personen davon überzeugen, an seiner Stelle zu gehen. Variante 3: Es gibt mehrere Interessenten, aber nur ein oder zwei können gehen. Wer letztendlich gehen darf, muss herausgefunden werden.

Lernstation **Seite 167** A 3

- E-Mail / Fax-Brief Kinoeinladung – Modell:
  Liebe Julia,
  im Kino 188 spielt heute Abend der Film „Schöne Venus" von Tonie Marshall. Der Film ist im Original mit Untertiteln (Französisch).
  Er beginnt um halb 9. Hast du Lust? Dann treffen wir uns um 8 Uhr an der Kinokasse (Kinokassa, A).
  Lieben Gruß
  dein / deine

Magazin **Seite 68 / 69**
Lernstation **Seite 167**

- Rätselbilder:
  Die Bilder wurden in **D-A-CH** aufgenommen. Sie zeigen Besonderheiten aus den **D-A-CH**-Ländern, die für die Bewohner der **D-A-CH**-Länder vertraut sind, Besuchern aus anderen Ländern aber auffallen, weil sie das nicht kennen. Einige der Gegenstände findet man nur in einem bestimmten **D-A-CH**-Land, andere gibt es in allen.
- Die LD sollen Hypothesen aufstellen, sich gegenseitig fragen, Antworten finden (Muttersprache / andere Sprache/n):
  Wo gibt es das? Für wen könnte das sein? Woraus ist das? Wozu braucht man das? Braucht man das oft? Könnte ich das brauchen? Ist das öffentlich oder privat? Haben wir etwas Ähnliches in unserem Land? Was ist anders? Warum?
  - **CH:** Auf einer Wiese, auf der auch Kühe weiden, steht ein Kasten mit Plastiktüten für Hundekot. Leute mit Hunden sollen den Hundekot mit der Plastiktüte einsammeln und in die Kiste werfen, damit die Kühe diesen nicht fressen und davon krank werden.
  - **A:** Ein Gasthaus in den Bergen: Im Winter sollen die Leute mit ihren Schneestiefeln diesen Eingang benutzen. Hinter der Tür gibt es einen Gang, wo man erst mal Kleider und Schuhe vom Schnee reinigen kann, bevor man die Gaststube betritt.
  - **D-A-CH**: Krötenzaun: Im Frühjahr wandern die Kröten zu bestimmten Laichplätzen. Wenn sie dabei eine Straße überqueren müssen, werden sie oft von Autos totgefahren. Der Krötenzaun sperrt die Straße ab, die Kröten kriechen dann den Zaun entlang, um doch zu ihrem Laichplatz zu gelangen. Dabei kommen sie an ein Loch, in das sie hinunterpurzeln. Manchmal führt ein Gang unter der Straße durch auf die andere Straßenseite, oder sie fallen am Ende des Zauns in einen Eimer, der dann von Naturschützern über die Straße getragen wird. Dort werden die Kröten wieder freigelassen.
  - **CH:** Am Nationalfeiertag der Schweiz, dem 1. August, verkaufen die Bäcker spezielle Brötchen mit einem Schweizer Fähnchen. Man findet sie auch in den Hotels.
  - **D-A-CH**: Ein so genannter Meisenknödel (die Meise = ein Vogel), bestehend aus einer Fettkugel mit verschiedenen Kernen. Meisenknödel kann man kaufen. Im Winter hängt man sie in die Bäume im Garten, damit die Vögel, wenn Schnee liegt und sie nichts zu fressen finden, daran herumpicken können.

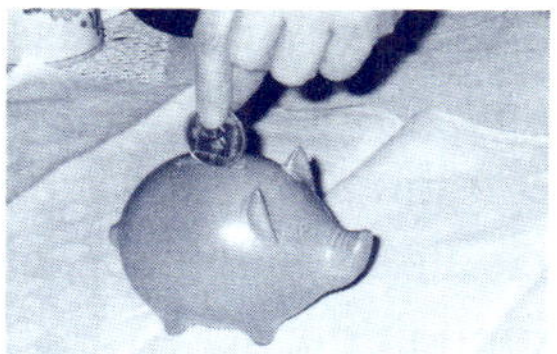

- **A:** Zeitungsständer aus einem Wiener Kaffeehaus. Zu einem guten Kaffeehaus gehört eine große Anzahl internationaler Zeitungen, die an solchen Zeitungsständern befestigt werden. So kann man die Zeitung bequem über den Tisch halten; im Übrigen ist es erlaubt, mit einer Tasse Kaffee stundenlang im Kaffeehaus zu sitzen und Zeitung zu lesen.
- **D-A-CH**: Sparschwein: Wer Geld hat „hat Schwein"/Glück, dem geht es gut. Kinder bekommen häufig so ein Sparschwein geschenkt. In den Schlitz oben kann man Geld stecken, meist Münzen. Unten am Bauch hat das Sparschwein oft einen Verschluss, den man öffnen kann.

Wie klingt die Sprache?

Lernstation **Seite 168:**

Hörtext 82

◆ Wortakzent:
Un-, *-ei* und *-ieren* sind immer betont.

A 1. b

◆ E-Laute:

A 2

Schwierigkeiten bereitet häufig das lange gespannte E (wie in *Schnee*). Es kann vom I abgeleitet werden (*lieben – leben, sie – See*), der Mund ist etwas weiter geöffnet. Die Mundstellung ist stabil, d. h. es entsteht kein Diphthong.

◆ Konsonanten fortis-lenis (Auslautverhärtung):

A 3. a/b

Ein typisches Ausssprachemerkmal im Deutschen ist die so genannte Auslautverhärtung. Hier entsteht eine Diskrepanz zwischen Schreibung (*b, d, g, s*) und Aussprache [*p, t, k, s*]. Zu beachten ist der Wechsel der Aussprache in solchen Wörtern – je nachdem ob der Buchstabe am Silbenanfang oder im Auslaut vorkommt: *leben – lebt*.

c

Regel

Die Buchstaben *b, d, g, s* werden
- am Wort- und Silbenanfang als Leniskonsonanten
- am Wort- und Silbenende als Fortiskonsonanten gesprochen. (Auslautverhärtung)

Seite 170
D-A-CH-Phonetik
Hörtext 84

◆ Lösung: 1. D (Schwäbisch), 2. CH (Standard), 3. A (Ostösterreich).

Wie schreibt man das?

Lernstation **Seite 170**

A 1–3

Tipp

◆ Rückendiktat:
Beim traditionellen Dikat diktiert die LP einen unbekannten Text mit bekannten Wörtern. LD schreiben nach Gehör. Eine ziemlich langweilige Geschichte.

Hier ist eine andere Diktatversion, die sicher einen größeren Lerneffekt hat und mehr Spaß macht: Der Text ist bereits bearbeitet worden, zunächst in Form eines Lückentextes, dann in Form einer Nacherzählung. Mit Aufgabe 1 wird der Text noch einmal still gelesen; dabei werden die Wörter, die die LD als schwierig empfinden, ganz bewusst im Hinblick auf ihre Orthographie angeschaut.
2. Wenn nun alle LD sich Rücken an Rücken setzen und anfangen, sich die Satzteile laut gegenseitig zu diktieren, entsteht ein ziem-

licher Lärm (und wahrscheinlich bald Gelächter) in der Klasse. Diesen Lärm muss jede/r übertönen, jede/r muss also ziemlich laut schreien, damit der Partner / die Partnerin ihn versteht. Wahrscheinlich halten das weder die LD noch die LP lange aus, aber das macht nichts. In einem dritten Schritt können die LD das Diktat auch als Hausaufgabe zu zweit schreiben oder andere Möglichkeiten suchen, sich den Text gegenseitig zu diktieren.

Die Wörter, die man auf diese Weise „in den Mund genommen", gerufen und geschrieben hat, wird man nicht so schnell vergessen.

Lernstation **Seite 172** Parcours

Lösungen

4: sieben = lenis; vier = fortis; hundert = lenis

5. Frühling (l), Sommer (k), Herbst (k), Winter (k)

6. Januar: O o o; August o O; Dezember: o O o

Weitere Hinweise zur Phonetik im Unterricht

Nicht immer genügen die Übungsangebote im Lehrwerk, um bei allen Lernenden Fortschritte in der Aussprache zu erreichen. Das kann daran liegen, dass für die speziellen Schwierigkeiten, die durch die Muttersprache oder früher gelernte Fremdsprachen verursacht werden, keine oder zu wenige Übungen vorhanden sind. In **Dimensionen** werden Besonderheiten der deutschen Aussprache geübt, die für die Kommunikation mit deutschen Muttersprachlern wesentlich sind und erfahrungsgemäß für Lernende verschiedener Ausgangssprachen Lernschwerpunkte darstellen, aber sicher nicht alle Bereiche abdecken.

Schwierigkeiten in der Aussprache lassen sich aber auch darauf zurückführen, dass im Unterricht Regeln und Merkmale nicht bewusst gemacht werden, dass zu wenig korrigiert und / oder dass nicht ausreichend automatisiert wird.

Ganz wesentlich hängt es deshalb von Ihnen, den Lehrenden ab, ob und wie die Lernenden ihre Hör- und Ausspracheferigkeiten verbessern, denn Sie können das Übungsangebot komplettieren und im Unterricht entsprechende Schwerpunkte setzen.

1. Aufgaben der Lehrenden

Neben der ständigen Motivation, Sensibilisierung und Korrektur geht es vor allem um folgende Aufgaben:

a. Das Aussprachetraining sollte, wenn die Lernschwerpunkte bekannt sind, nicht dem Zufall – und dem Angebot im Lehrwerk – überlassen werden. Sie sollten versuchen, auch für das Hören und Aussprechen eine Art Lehr- bzw. Lernprogramm zu entwerfen, d. h. Zeitpunkte, Dauer und inhaltliche Schwerpunkte zu planen.

b. Dazu gehört, dass Sie sich das Übungsangebot in **Dimensionen** genau ansehen und daraus je nach den Ausgangssprachen der Lernenden und den spezifischen Lernproblemen der Gruppe eine Auswahl zusammenstellen. Wir empfehlen auf jeden Fall die Hörübungen, damit solche Probleme erkannt werden. Sie sollten auf keinen Fall Übungen machen lassen, die nicht relevant sind.
c. Wenn für bestimmte Schwerpunkte keine Übungen angeboten werden oder der Umfang der Übungen nicht ausreicht, können Sie entweder aus Zusatzmaterialien Übungen ergänzen bzw. selbst Übungen erarbeiten (vgl. unter 2).
d. Überlegen Sie, welche Regeln und Merkmale Ihren Lernenden bewusst gemacht werden sollten und auf welche Weise die Bewusstmachung erfolgen soll (Visualisierungen, Übertreibungen, Formulierung von Regeln usw.). Ebenso wichtig ist es, den Lernenden Hörprobleme und Abweichungen in der Aussprache bewusst zu machen.
e. Hör- und Ausspracheleistungen sollten wie alle sprachlichen Leistungen regelmäßig kontrolliert werden (Hörtests, Tonaufnahmen). Dazu eignen sich die Übungen unter *„Wie klingt die Sprache?“* bzw. Übungen, die Sie für andere Schwerpunkte ergänzen (vgl. unter 3.).
f. Bei der Bewertung mündlicher Leistungen sollte die Aussprache angemessen berücksichtigt werden.

2. Methodische Grundlagen

a. Prinzipien

- Das Aussprachetraining sollte immer mit einem Hörtraining verbunden werden. Das Hörtraining sollte vorangehen, die gehörten Beispiele sollten dann auch wiederholt, gelesen, gesprochen und im Kontext verwendet werden.
- Wichtig ist, dass Höraufgaben immer kontrolliert werden, so dass Sie als Lehrende aber auch die Lernenden selbst sofort bemerken, wenn etwas nicht unterschieden oder erkannt wird. Die einfachste Kontrollmöglichkeit sind vereinbarte Gesten, aber man kann auch etwas markieren, zuordnen, schreiben lassen. Das Hörtraining kann auch mit Selbstlernaufgaben (vgl. unter 4.) fortgesetzt werden.
- Ein großes Problem ist, dass im Unterricht nicht ausreichend automatisiert wird. Änderungen in der Feinmotorik des Sprechbewegungsablaufes können nicht durch das einmalige Sprechen weniger Beispiele erreicht werden. Eine Automatisierung, und damit das unbewusste (korrekte) Artikulieren tritt erst dann ein, wenn die Abläufe viele Male geübt werden. Das muss zunächst unter Anleitung durch die Lehrenden geschehen, kann später, wenn ein Bewegungsgefühl und ein Klangmuster aufgebaut sind, auch von den Lernenden allein gemacht werden.
- Die Automatisierung, d. h. das mehrfache (vielfache) Wiederholen gleicher Abläufe, erfordert methodische Abwechslung und ein interessantes Übungsangebot, damit es nicht zu Langeweile oder Ermüdungserscheinungen kommt. Das Üben soll Spaß machen.

b. Korrekturhilfen und Bewusstmachung
Wenn es Probleme bei den einzelnen phonetischen Erscheinungen (Vokale, Konsonanten, Wortakzentuierung usw.) gibt, die sich durch Hörtraining und Nachsprechübungen nicht beseitigen lassen, dann sollten konkrete Korrekturhilfen gegeben werden. Geeignet sind z. B.

- Hinweise zur Lautbildung,
- Hinweise zu den Laut-Buchstaben-Beziehungen,
- Übertreibungen in der Aussprache,
- Gegenüberstellung von richtigen und falschen Beispielen,
- Anschaulichkeit, z. B. durch den Einsatz von Gesten – damit können Akzente, Melodieverläufe, Vokallänge und -kürze, Vokal- und Konsonantenspannung, bestimmte Artikulationsstellen (Lippen, Zähne, Kehlkopf) und Artikulationsmerkmale (wie Lippenrundung, hier ist auch ein Spiegel hilfreich) dargestellt und bewusst gemacht werden;
- Nutzung von Körperbewegungen (z. B. Klopfen zur betonten Silbe, Bewegungen zu langen und kurzen Vokalen),
- Ableitungen von bekannten Formen (z. B. das Reibe-R vom Ach-Laut, der Ich-Laut von [j], die Ö-Laute von den E-Lauten, die Ü-Laute von den I-Lauten),
- Vergleiche zwischen dem Deutschen und der Ausgangssprache, auch Vergleiche mit anderen Fremdsprachen.

3. Weitere Übungsmöglichkeiten

Wenn Übungen fehlen, lassen sich viele Texte und Übungen aus **Dimensionen** auch für phonetische Zwecke verwenden. Folgende Aufgaben können den Lernenden gestellt werden:

a. Betonung
Beispielwörter oder Wortgruppen aus einem Text, einer Übung, einer Wortliste werden von der Lehrperson vorgelesen, die Lernenden sollen hören und

- die betonte Silbe / das betonte Wort (1., 2., 3., ...) angeben: entsprechend viele Finger zeigen bei direkter Hörkontrolle oder Markierungen / Unterstreichungen im Text bzw. in der Übung vornehmen,
- die Beispiele nach Betonung ordnen (1., 2., 3., ... Silbe / Wort betont),
- die Beispiele nachsprechen und bei betonten Silben klatschen, klopfen, stampfen.

Beispielwörter oder Wortgruppen aus einem Text, einer Übung, einer Wortliste sollen von den Lernenden gesucht bzw. auch aus dem Gedächtnis gefunden werden. Sie sollen dann

- die gefundenen Beispiele nach Betonung ordnen (1., 2., 3., ... Silbe / Wort betont),
- die gefundenen Beispiele und geordneten Beispiele vorlesen, sprechen und bei betonten Silben klatschen, klopfen, stampfen,
- verschiedene Wörter in Wortgruppe / Satz betonen.

b. Melodie
Beispielwortgruppen oder Sätze aus einem Text oder einer Übung werden von der Lehrperson vorgelesen (oder gesprochen oder gebrummt), die Lernenden sollen hören und

- den Melodieverlauf zeigen (mit der Hand) oder im Text eintragen: ↘ → ↗,
- weggelassene Satzzeichen ergänzen,
- gebrummte Beispiele konkreten, schriftlich vorliegenden Beispielen zuordnen,
- die Beispiele selbst sprechen oder brummen,

- mit den Sprechern vom Band synchron mitsprechen und besonders auf die Melodie achten.

c. Vokale und Konsonanten

Am Anfang lässt sich sehr gut mit Familiennamen üben, die sich für alle Vokale und Konsonanten finden oder konstruieren lassen. Man kann z. B. ähnlich klingende Namen in ein gezeichnetes Haus nach Diktat eintragen lassen (z. B. Wohnung 1 Müller, 2 Mühler, 3 Möhler, 4 Möller). Anschließend, nach gemeinsamer Kontrolle, sollen die Lernenden zeigen (mit entsprechend vielen Fingern), in welcher Wohnung die Familie wohnt. Die Namen sollen stets in kurzen Sätzen oder Wortgruppen verwendet und natürlich auch gesprochen werden.

- Für alle Vokale und Konsonanten lassen sich Beispielwörter oder Wortgruppen aus einem Text, einer Übung, einer Wortliste finden, ebenso können geografische bzw. Vor- und Familiennamen verwendet werden. Die Beispiele sollen gehört werden, mit Gesten lassen sich bestimmte Laute / Merkmale (Länge – Kürze, Spannung) zeigen – das kann auch als Hörkontrolle genutzt werden. Die Beispiele sind isoliert und in kleinen Kontexten zu verwenden und mehrmals vorzulesen bzw. zu sprechen.
- Eine weitere Möglichkeit ist die Verwendung von Lückentexten, die sich ebenfalls aus den vorhandenen Texten oder Übungen herstellen lassen: Bestimmte Vokale / Konsonanten fehlen, sie können nach Diktat oder aus dem Gedächtnis ergänzt werden. Die vervollständigten Texte können mitgesprochen, vorgelesen, gesprochen, variiert werden.
- Beispielwörter oder Wortgruppen aus einem Text, einer Übung, einer Wortliste kommen in einen „Schüttelkasten" (sie werden unsortiert neben-, über-, durcheinander geschrieben), sie sollen nach bestimmten Lauten oder Merkmalen geordnet, gelesen, gesprochen und im Kontext verwendet werden.
- Wörter mit den entsprechenden Vokalen oder Konsonanten werden in der Gruppe gemeinsam gefunden und aufgeschrieben, sie werden im Chor oder einzeln gesprochen. In der Gruppe werden dann jeweils drei, vier oder fünf Wörter in einem Satz verwendet – so dass ein sehr schönes, zum Weiterüben geeignetes Nonsensmaterial entsteht.
- Für alle Vokale und Konsonanten ist das sogenannte Kofferpacken geeignet, d. h. in den Koffer kommen nur Wörter oder Namen mit einem bestimmten Laut oder Merkmal (z. B. lange Vokale).

4. Selbstlernaufgaben

Allein und ohne Lehrer zu üben ist notwendig, um eine Automatisierung des im Unterricht Gelernten zu erreichen. Unproblematisch ist das bei Hörübungen und bei schriftlichen Übungen (Beispiele finden, Lückentexte ergänzen, etwas ordnen oder zuordnen, Sätze bilden usw.).

Problematisch sind produktive Übungen, da sich auch fehlerhafte Artikulationsbewegungen automatisieren und schwer zu korrigieren sind. Es muss zunächst gesichert sein, dass die Lernenden die Formen korrekt bilden können, auch wenn sie sich sehr konzentrieren müssen. Beim selbstständigen Üben sollte es immer um eine Automatisierung bereits beherrschter (angebahnter) Merkmale gehen.

Eine ausführliche Darstellung der didaktisch-methodischen Grundlagen finden Sie in der Fernstudieneinheit „Phonetik lehren und lernen“ (Helga Dieling/Ursula Hirschfeld, Langenscheidt 2000).

Transkription der Hörtexte

Lernstation 1

Hörtext 1

Guten Morgen!
Grüezi!
N'Abend!
Tschüs!
Tag!
Grüß Gott!
Auf Wiederschaun!
Bis bald!
Salü!

Hörtext 6

Text 1: Guten Tag, ich bin Bettina Reinhard und das ist Konstanze Schäfer. (D)
Text 2: Grüezi, mein Familienname ist Müller. (CH)
Text 3: Grüß dich Hans, servus Grete. (D/A)
Text 4: Guten Tag, ich bin Ihre Lehrerin, mein Name ist Reibnitz, und ... (D)
Text 5: Guten Abend, ich heiße Anja, und wie heißt du? (D/A)
Text 6: Guten Morgen, ich heiße Herbert. (D/A)
Text 7: Salü, bis bald, mach's gut! (CH)
Text 8: Baba, auf Wiederschaun! (A)
Text 9: Mach's gut, Uschi. Bis morgen. (D)

Lernstation 2

Hörtext 7

Länderkarten – Lösungen

1 Arnold Schwarzenegger kommt aus Österreich.
2 AUA ist die Abkürzung für Austrian Airlines.
3 Klimt ist ein Maler.
4 Karl Marx ist aus Trier.
5 Die Schweizer Schokolade heißt Toblerone.
6 Das Matterhorn ist ein Berg.
7 Die Hauptstadt der Schweiz ist Bern.
8 Deutschland hat neun Nachbarländer.
9 Die „Loreley“ ist am Rhein.
10 Deutschland liegt am Meer, an Nordsee und Ostsee.

11 Ein See – drei Länder: der Bodensee.
12 Die Steffi Graf aus Österreich ist Achthunder-Meter-Läuferin. – Die Steffi Graf aus Deutschland ist Tennisspielerin.
13 JOOP! ist ein Parfüm.
14 Die Bundesrepublik Deutschland existiert seit 1949.
15 Der Mercedes hat den Namen einer Frau.
16 Die Nationalfarben von Österreich sind rot–weiß–rot.
17 Gruyère heißt ein Schweizer Käse.
18 Sisi war Kaiserin von Österreich.
19 „Grüezi" sagt man in der Schweiz.
20 Wilhelm Tell ist der Nationalheld der Schweiz.
21 So viele Schweizer sprechen Deutsch: 63 %.
22 Wiener isst man in Frankfurt. Frankfurter isst man in Wien.
23 Das Brandenburger Tor ist in Berlin.
24 Die Nationalfarben der Schweiz sind rot-weiß.
25 In der Europäischen Union sind: Österreich und Deutschland.
26 Der Walzer heißt Donauwalzer.
27 Die Nationalfarben von Deutschland sind schwarz-rot-gold.

Städtekarten – Lösungen

1 Das Fest heißt Kölner Karneval.
2 In Wien ist der Stephansdom.
3 Über den Brenner kommt man von Innsbruck nach Bozen.
4 Die Expo 2000 war in Hannover.
5 Weimar ist die Stadt von Schiller und Goethe.
6 Berlin: Das Symbol der Stadt ist ein Bär.
7 In München ist das Oktoberfest.
8 Salzburg ist die Geburtsstadt von Wolfgang Amadeus Mozart.
9 Dresden liegt an der Elbe.
10 Im Süden von Klagenfurt liegt Slowenien.
11 Frankfurt ist die Stadt der Banken.
12 Prag nennt man „Das goldene Prag".
13 Der Name Hamburg kommt von Hammaburg.
14 In Bozen spricht man Italienisch und Deutsch.
15 Lausanne liegt am Genfer See.

Hörbeispiel 8

1	2	3	
4	5	6	
7	8	9	
10	11	12	
13	14	15	
16	17	18	
19	20		
21	22	23	
24	25	26	
27	28	29	30

Hörbeispiel 9

4	3	2	1
10	20	30	
25	15	5	
11	12	13	
6	16	26	
29	19	9	

Hörbeispiel 11

eine Silbe: Bern, Köln, Prag, Wien
zwei Silben: Berlin, Innsbruck, Stuttgart, Weimar, Zürich
drei Silben: Bodensee, Hannover, Klagenfurt, Loreley, Matterhorn
vier Silben: Oktoberfest, Schwarzenegger

Hörbeispiel 13

erste Silbe: Bodensee, Innsbruck, Klagenfurt, Matterhorn, Schwarzenegger, Stuttgart, Weimar, Zürich
zweite Silbe: Berlin, Hannover, Oktoberfest,
dritte Silbe: Loreley

Hörbeispiel 16

Ich-Laut: München, Österreich, Zürich
Ach-Laut: Aachen, Eisenach, Marbach,
[k] Chur, Sachsen

Hörbeispiel 17

Nach Aachen?
Ja, nach Aachen.

Nach Aachen?
Nein, nach München

Hörtext 19

Text 1: Klimt? – Das ist doch keine Schokolade, das ist ein Maler, ein österreichischer Maler, das weiß doch jeder. (A)
Text 2: Die Schweizer Schokolade? Die heißt doch nicht Maldone, die heißt Toblerone. Das weiß doch jeder. (CH)
Text 3: Steffi Graf? Na, also unsere Steffi das ist doch 'ne Tennisspielerin. Gibt's denn bei euch in Österreich auch 'ne Steffi Graf? – Na, davon habe ich ja noch nichts gehört. (D)

Hörtext 20

Woher kommen Sie?
Aus Kiew, aus der Ukraine.
Aha. Und wohin wollen Sie?
Nach Berlin.
Nach Berlin? Was machen Sie in Berlin?
Siemens. Green-Card.
Ah, gut, ja, gehen Sie.

Lernstation 3

Hörtext 23

Statement 1:	Was verbindest du mit Mozart? Also, mit Mozart verbinde ich: Rock me Amadeus, Falco und Opern für's Volk, eigentlich, und leichte eingängige Melodien.
Statement 2:	Salzburg, 18. Jahrhundert, Mozartkugeln, Mozartlocken, Wunderkind.
Statement 3:	Salzburg, Mozartkugeln; Mozart? – Kleine Nacht ... äh Melodie, oder wie heißt das ... aus!
Statement 4:	Musik und auch viele Geschäfte, also Museen in Salzburg, Wien, Linz und kommerzielle Sachen, ja, hauptsächlich in Österreich.
Statement 5:	Wolfgang Amadeus, Salzburg, Opern, Mozartkugeln, Mirabellgarten, Mozarteum, ehm, Nannerl, Mythos.
Statement 6:	Mozartkugeln, und Musik natürlich, und Österreich.
Statement 7:	An Musik, an die Mozartkugeln, an Salzburg. Was noch? An den Film „Mozart".
Statement 8:	An eine total überfüllte Getreidegasse und, ich glaub, an sonst nichts.
Statement 9:	Musik, Schokolade, Salzburg.
Statement 10:	Ja, symphonische Musik und Opern, Salzburger Festspiele, Vermarktung mit Mozartkugeln und allem Möglichen, ja.
Statement 11:	Musik, Mozartkugeln, Unterhaltung, Perücken.
Statement 12:	Kugeln, Taler, Köchelverzeichnis, Kleine Nachtmusik: tatata taaaaam und Rock me Amadeus von Falco.

Hörtext 30

Text 1: Mensch, sag mal, was weiß ich eigentlich von Mozart? Na, nicht viel. Aber wart einmal, doch mir fällt ein, ich kenn die Kleine Nachtmusik, das ist von Mozart, na und die Zauberflöte auch, stimmt's? Na, Mensch, eigentlich ist Mozart ziemlich dufte. (D)

Text 2: Mozart, also ich kenne nur die Kleine Nachtmusik. Die kennt jeder. Die Zauberflöte hab ich noch nie gehört. Morgen gibt es aber ein Klavierkonzert von Mozart im Radio, das hör ich mir an. (CH)

Text 3: Mozart, also ich kenne nur die Kleine Nachtmusik. Aber die kennt eh jeder. Die Zauberflöte, die hab ich noch nie gehört. Morgen gibt's aber ein Klavierkonzert von Mozart im Radio, das hör ich mir an. (A)

Hörtext 34

der schnitter
es ist ein schnitter, der
schneidet brot und gibt
der frau ein stück
und jedem kind ein stück
und ein stück ißt er selber
und dann fragt er
wer hat noch hunger?
und schneidet dann weiter.
einem solchen schnitter
möchtest du wohl gern
einmal begegnen.
außer er sagt zu dir:
komm her, du brot.

Hörtext 35

Meine sehr geehrten Damen und Herren, nachdem Sie jetzt alle das Mozarthaus besucht haben, mit den wunderschönen kleinen Zimmern, wo Sie gesehen haben, wie Mozart hier in Salzburg gelebt, gewohnt und komponiert hat, haben Sie jetzt die Möglichkeit, dass Sie gegenüber hier in der Getreidegasse unser berühmtes Mozartland besuchen, oder für unsere internationalen Gäste „Mozartland" so wie Disney-, net, ja, Sie wissen, ja …

Also da drinnen können Sie wirklich mehr oder weniger alles finden, was Mozart betroffen hat, von der Mozartkugel bis zum Mozart-Burger mit einem zarten Mozart-Rindfleischerl drinnen, die Mozartfigur, das Mozart-Bier bitte nicht zu vergessen, auch Mozart hat früher ja schon das Bier getrunken, wie Sie ja wahrscheinlich alle wissen werden, es gibt eine Mozart-Pasta, er war ja ein Italienfan, hat auch viele Reisen nach Italien gemacht, der Mozart, das wissen Sie ja sicher auch alle. Und schauen Sie sich das an bitte, vom Mozarttaler über die berühmten Mozartkugeln gibt's da alles, auch Mozart-Perücken, vielleicht für die Kinder, die am Klavier daheim dann mit der Mozart-Perücke Sonaten spielen können, die Kleine Nachtmusik zum Beispiel.

Also ich wünsche Ihnen noch viel Vergnügen. Ich bin mir sicher, dass Ihnen das alles wunderbar gefällt, dass Sie wahrscheinlich am Schluss sagen werden: „Mein Gott, hab ich da viel Geld verbraucht!" Aber Sie werden es nicht bereuen. Ihre Lieben daheim werden sich freuen. Sie werden lang eine Freude haben und ich würde sagen, ich würde sagen, wir treffen uns in ca. einer Stunde – so lange werden Sie mindestens brauchen, bis Sie das alles gesehen haben – wieder hier und dann machen wir weiter eine kleine Stadtrundfahrt.

Lernstation 4

Hörtext 38

Die Ziehung vom Sonntag, den 21. März brachte folgende Ergebnisse: 12, 13, 14, 17, 37, 40. Zusatzzahl 45. Und die Jokerzahl 554346. Vielen Dank für Ihren Anruf.

Hörtext 39

Die Gewinnsummen der Lottoziehung vom Sonntag lauten wie folgt:
149.942 Dreier zu je 3 Euro und 10 Cent,
9.497 Vierer zu je 31 Euro und 80 Cent,
217 Fünfer zu je 783 Euro,
2 Sechser zu je 396.484 Euro und 60 Cent.

Hörtext 40

Dialog 1

– …
• … ja, hätt ich nicht gedacht, ha ja, vielleicht schaff ich's das nächste Mal.
– Ah – übrigens, hast du schon meine neue Handynummer?
• 0664 3 …
– Na, na, nein, nicht die, das ist die alte. Ich habe den Provider gewechselt. Also hast du was zum Schreiben bei der Hand?
• Ja, geht schon.
– Also, 0676 …
• 76 …
– Ja, 0676, 536 25 20.
• … 20, alles klar, das muss ich gleich abspeichern, sonst geht mir das wieder verloren, …

Dialog 2

- – Wie wollen Sie das dann bezahlen? Überweisung, Kreditkarte ...?
- • Ja, wenn das geht, per Kreditkarte.
- – Natürlich, kein Problem, wenn S' mir einfach dann Ihre Nummer geben ...
- • Es ist eine Visa-Card.
- – Aha, dann also 4548.
- • Genau! 4548 und dann 64 18 ...
- – 64 18 ...
- • 04 69 und die letzten vier Zahlen 10 11.
- – 10 11. Alles klar, das wird einfach abgebucht und Sie brauchen sich ...

Dialog 3

- – ... aber bei diesem Problem müssen Sie direkt mit der Zentrale sprechen. Soll ich Ihnen die Nummer geben?
- • Auch das noch! Ja, wenn's sein muss, bitte.
- – Können Sie notieren?
- • Ja ...
- – Also, die Vorwahl, 072 42.
- • 72 42.
- – Und dann 22 9 11.
- • Ja, 9 11, gibt's da auch ein Fax ...
- – Ja, genauso, nur die letzte Ziffer ist nicht 11 sondern 12.
- • 12. Also gut, ich werde das dann halt so probieren.

Dialog 4

Ja, hallo, hier ist die Ulla, kannst du mich bitte zurückrufen, unter der Münchner Nummer 0049 89 35 93 490. Ich wiederhole: 89 35 93 490. Es ist dringend. Danke.

Hörtext 41

Gespräch 1

I: Diane, gibt's eigentlich so etwas wie gute Zahlen, schlechte Zahlen, Glückszahlen, Unglückszahlen für Sie?

D: Für mich persönlich

I ... persönlich

D: ... nicht, nein, ich achte nicht darauf. Aber in England ist 13 z. B. eine Unglückszahl. Die 7 ist eine Glückszahl. Aber sonst, nein, sonst nicht viele Zahlen ... und für mich persönlich, wie gesagt, ich achte nicht darauf.

I: Für Sie spielt das keine Rolle. Jede Zahl eine Glückszahl.

D: Oder umgekehrt. (lacht)

I: Oder umgekehrt.

Gespräch 2

I: Lena, du kommst aus Russland. Aus welcher Stadt?

L: Aus Moskau.

I: Aus Moskau. Ich hab eine Frage und zwar, wie ist denn das in Russland mit guten Zahlen, schlechten Zahlen, Glückszahlen, Unglückszahlen? Das gibt's doch sicher auch. Welche Zahlen haben dort eine besondere Bedeutung?

L: Ja, es gibt. Und ich schätze, es ist genauso wie in Europa. Und z. B. 13 wird für eine Unglückszahl gehalten und 7 für eine Glückszahl.

I: Aha.
L: Und, ja, ich weiß z. B., dass viele Autofahrer extra bezahlen für 777-Schilder.
I: Aha, so, Autonummern, damit sie besonders wenige Unfälle haben oder Glück haben im Verkehr.
L: Das kannst du besser auf Deutsch ausdrücken. (lacht)
I: (lacht) Genau. Wie ist das bei dir persönlich? Hast du eine persönliche Glücks- oder Unglückszahl? Eine Lieblingszahl?
L: Eigentlich nicht. Ich bin überhaupt nicht abergläubisch. Ja, ich kann vielleicht 13 für meine Glückszahl halten, weil ich am 13. geboren wurde.
I: Am 13. geboren, in welchem Monat?
L: Im März.
I: Aha, dann wissen wir alles, also alles klar, danke.

Gespräch 3

I: Natalie, gibt's in Frankreich eigentlich so was wie gute Zahlen, schlechte Zahlen, eine Zahlenmystik oder -symbolik?
N: Ja, die Zahl, über die alle sprechen, ist die Zahl 13. Äh … 13 ist sehr umstritten in Frankreich, also besonders, wenn es auf einen Freitag fällt. Also Freitag, der 13. ist wirklich, also für manche ganz, ganz schlimm und sie würden am liebsten im Bett bleiben, den ganzen Tag. Und für die anderen, das ist wirklich ein, das bringt wirklich Glück.
I: Die Zahl 13 bringt auch Glück?
N: Ja, genau.
I: Gibt's sonst andere Glückszahlen?
N: Ich weiß nicht, ich glaub für die Katholiken sind die Zahlen 3 und 7 vielleicht wichtig. Also, 3 für die Trinität und 7 für, ja das ist das Symbol von Gott …
I: Wie ist denn das für dich persönlich? Gibt's für dich Glücks- oder Unglückszahlen?
N: Nicht wirklich. Also ich bin nicht abergläubisch. Also, nein. Aber wenn du mich fragst: Ich mag gern zwei Zahlen, glaub ich, ja. Ich mag gern 3, obwohl ich nicht katholisch bin und obwohl es für mich überhaupt nichts mit der Trinität zu tun hat und … vielleicht, ich weiß nicht, weil ich drei Geschwister habe, ich möchte vielleicht irgendwann mal drei Kinder haben. Und die Zahl 5 gefällt mir auch gut, aber warum, weiß ich überhaupt nicht.
I: Für 3 gibt es einen guten Grund. Aber für 5, na vielleicht kommen wir da noch im Lauf der Zeit drauf.

Gespräch 4

I: An Ran, du kommst aus China.
A: Ja.
I: Aus welcher Stadt in China?
A: Aus einer kleinen Stadt neben Hongkong, aber sehr modern und sehr entwickelt.
I: Eine kleine, sehr entwickelte Stadt. In China gibt's doch sicher auch so etwas wie „gute Zahlen – schlechte Zahlen", eine Zahlensymbolik. Was sind in China gute Zahlen z. B.?
A: Die gute Zahl ist 9.
I: Aha, warum?
A: Weil 9 ist die größte Zahl unter 10 und seit 1000 Jahren ist 9 eine Glückszahl für Kaiser in jeder Dynastie. Und wenn sie einen großen Palast bauen, versuchen sie maximal „9", diese Zahl, in diesem Gebäude zu benützen.
I: 9 Zimmer oder 9 …
A: 9 Zimmer, 9 Stück, 9 Drachen auf der Wand, 9 Flügel.

I: Alles klar. Gibt's noch andere Glückszahlen außer 9, oder ist das die einzige Glückszahl?
A: Gibt's auch 8, ist auch eine Glückszahl, weil 8 ist ein Symbol für einen Drachen und im größten Dialekt in China, kantonesich, bedeutet 8 auch „viel Geld verdienen".
I: Viel Geld verdienen, da muss es eine Glückszahl sein.
A: Stimmt!

Hörtext 42
Glück
„Meine Glückszahl ist die 7."
„Meine Glückszahl ist die 13."
„Und meine Glückszahl ist die 10 1/2."
„Ausgerechnet? Wieso das?"
„So alt bin ich jetzt."

Hörtext 43

erstens: in die Bibliothek gehen
zweitens: Geld abheben
drittens: Flug nach Berlin buchen
viertens: Michi anrufen
fünftens: Katzenfutter kaufen

Hörtext 47

Seit wann gibt es das?
Jeans gibt es seit 1850.
Mickey Mouse gibt es seit 1928,
die Barbie-Puppe seit 1958,
Elektroautos seit 1891,
Kochbücher seit 62 n. Chr.,
Büroklammern seit 1900,
Coca Cola seit 1886,
CDs seit 1980
und Kühlschränke seit 1850.

Hörtext 48

I: Paul und Lotte, wie alt seid ihr eigentlich?
L: 18.
I: 18, und Paul?
P: Ich bin 30.
I: 30. Wann habt ihr eigentlich Geburtstag, in welchem Monat?
P: Ich im Oktober.
L: Im Januar.
I: Welcher Januar?
L: Am 8.
I: Am 8. Jänner.
P: Am 8.?
L: Ja, …
P: Ich hab auch am 8.
L: Echt?
P: Oktober, ja.

L: Ach so.
I: Wie wichtig ist eigentlich Geburtstag, Geburtstag feiern für euch? Ist das wichtig? Spielt das eine Rolle?
L: Ja, ich fand es schon immer toll.
I: Ja?
L: Echt, ja. Es macht voll Spaß, Party vorbereiten und so, ja, Freunde einladen, ich find es super.
I: Was machst du an so einem Geburtstag? Also, du lädst Freunde nach Hause ein. Oder gehst du in ein Lokal. Was tust du?
L: Ich lad die ein.
I: Mmm. Du bist nicht derselben Meinung, wie ich sehe.
P: Na ja, was heißt nicht derselben Meinung. Als Kind war's ja noch ganz lustig, irgendwie. Aber irgendwie denk ich mir inzwischen, dass ... okay der erste Geburtstag, das war noch wichtig. Aber jetzt ...
I: Also Geburtstag feiern ist nicht mehr so wichtig für dich. Wie feierst du dann Geburtstag, wenn du feierst? Oder feierst du gar nicht?
P: Eigentlich nicht. Außer ich treffe mich zufällig mit Freunden. Meistens kommen dann die Freunde drauf, dass ich Geburtstag hatte.
I: Also bist du nicht sauer, wenn jemand nicht zum Geburtstag gratuliert?
P: Nein, absolut nicht, nein.
I: Wie ist das bei dir, Lotte?
L: Na ja, ich find's schon komisch, irgendwie. Also ich fühl mich dann voll unbeachtet auch.
I: Aha, was sind runde Geburtstage für euch?
L: 18.
I: 18 ist ein runder. Aber warum ist der so rund für dich?
L: Na ja, da darf man dann alles machen.
I: Was sind die nächsten runden Geburtstage?
L: 20.
P: Würde ich schon sagen 20, 25 vielleicht noch. 30 eben auch.
I: Und die großen runden Geburtstage, was sind die?
L: 50.
I: 50. Das ist ein besonders wichtiger, 50. Oder?
L: Schon.
I: Warum so besonders wichtig?
L: Weil's die Mitte ist vor hundert.
P: Ah ja.
I: Aber ist ja noch ein bisschen Zeit.

Hörbeispiel 50

Die besten Wünsche zum Geburtstag!
Wir gratulieren dir zum Geburtstag!
Alles Gute zum Geburtstag!
Alles Liebe zum Geburtstag!
Herzlichen Glückwunsch!
Viel Glück und alles Gute!

Hörtext 53

- – Also, in dem Text, Geburtstag feiern in Deutschland, stehen ja einige ganz interessante Sachen, aber ich weiß nicht, ob ihr all solche Dinge betreibt.
- • Merkwürdige Sachen stehen ja auch drin.
- – Merkwürdig, ja, teils, teils. Wie ist denn das so früh morgens, wird da beim Frühstück gratuliert?
- • Ja, sicher, zum Frühstück wird gratuliert, eigentlich schon beim Aufstehen.
- – ... und die Feier findet erst abends statt.
- • Ja, oder am Wochenende, das kommt drauf an.
- – Also ich kenn das eigentlich so, das man am Wochenende richtig in Ruhe feiert und in der Woche anlässlich des Geburtstags tatsächlich nur Familie stattfindet. Und die richtige Fete am Wochenende.
- • Es kommt doch mal ein bisschen darauf an, wann man Geburtstag hat, zum Beispiel Sonntag ist ein doofer Tag ...
- – Ja sicher ...
- • Da kommen dann alle am Sonntag und fahren rechtzeitig wieder, weil sie am nächsten Tag arbeiten müssen.
- – Ja, dann steht hier, dass man nicht nur feiert, sondern dass man die Gäste bewirtet mit einem Büfett. Also, ich mach kein Büfett.
- • Also von Pizza bis Grillwürstchen ist alles drin.
- – Bei mir gibt's Nudelsalat und 'ne Käseplatte, meistens.
- • Das hört sich auch gut an.
- – Und dann geht's um die Betriebe. Betriebe und Unternehmen. Kaffee und Torte.
  Am Nachmittag während der Arbeitszeit?
- • Also bei uns, ja.
- – Also, ich kenne das eher als kleine Feier im Anschluss an eine Dienstbesprechung und da können sich auch zwei, drei Kollegen zusammentun, so dass man also immer ein bisschen sammelt, die Geburtstage sammelt.
- • Also Knackwurst und Getränke an ... streng nach der Arbeitszeit findet nicht statt.
  Wir machen das ganz schön ordentlich während der Arbeitszeit bei Kaffee und Kuchen und Brötchen mit alten und neuen Kollegen und freuen uns da sehr.
- – Also, Knackwurst und Bier finde ich auch ein bisschen merkwürdig, muss ich sagen, ja, und mit den Kollegen würde ich dann schon eher, ja, entweder Kaffee und Kuchen zu mir nehmen, oder, ja, wieder Käse, Wurst oder dergleichen.
- • Tee.
- – Tee und Kaffee, ja.
- • Ja, ne, also, wie gesagt, Knackwurst und Bier, das fehlt alles, das machen wir einfach nicht mehr.
- – Genau.
- • Also, mir ist noch wichtig zu sagen, dass ich bei den Kollegen schon davon ausgehe, dass sie mir am Tage des Geburtstags eine Kleinigkeit hinlegen, kleines Geschenk, ein kleines Blümchen oder dass sie mir nur die Hand geben und mir gratulieren oder mich drücken, das erwarte ich schon.
- – Ich bin da eigentlich ganz zwanglos. Ich freu mich auch über ein kleines Geburtstagsgeschenk drei Wochen hinterher, wenn das da heißt: „Ah, ich hab's vergessen!"
- • Gut – das passiert immer wieder.
- – Ich nehm auch gerne mal einen Gutschein an für die schönen Dinge im Leben, ein Buch oder Sauna oder irgendsowas.

- Gutscheine kenn ich auch selbst bei Kindergeburtstagen als Büchergutschein oder dergleichen, das kann man durchaus machen. Aber wenn Geschenk, dann natürlich einpacken.
- … eingewickelt …
- Weil Auspacken ist eben 'ne ganz spannende Sache.
- Dann fehlt in dem Text noch was ganz Entscheidendes.
- Blumen!
- Blumen find ich auch – also ich brauch kein Geschenk, aber ein kleines Blümchen ist eine Aufmerksamkeit.

Hörbeispiel 57

Picasso	Bach
Theresia	Diana
Kolumbus	Goethe
Frisch	Wagner
Sisi	Jesus
Schumann	Gerard

Hörtext 60

Text 1
Alles Gute zum Geburtstag, ich gratulier dir ganz herzlich und wünsch dir viel Glück und viel Gesundheit für dein späteres Leben. (A)

Text 2
Alles Gute zum Geburtstag, ich gratulier dir ganz herzlich und wünsch dir viel Glück und Gesundheit. (CH)

Text 3
Vielen Dank für die Geschenke, und diese Blumen sind sehr schön. Aber das wär wirklich nicht nötig gewesen. (D)

Text 4
Vielen Dank für die Geschenke, und diese Blumen sind wunderschön. Das war aber wirklich nicht nötig. (CH)

Lernstation 5

Hörtext 63

Dr. Geroldinger, grüß Gott. Sie hören meine Stimme über einen automatischen Anrufbeantworter. Heute ist Donnerstag, mein freier Tag, und keine Ordination. Meine Ordinationszeiten sind Montag, Dienstag, Mittwoch, Freitag von 8–12, Samstag von 8–10, am Montag von 17 Uhr dreißig bis 18 Uhr dreißig und am Freitag von 17 Uhr bis 18 Uhr. Ich danke für Ihren Anruf, für Ihr Verständnis. Ende.

Hörtext 64

Theatergruppe 80, Guten Tag. Sie erreichen uns während der Bürozeiten Montag bis Freitag von zehn bis achtzehn Uhr. Unsere Spieltage jeweils Donnerstag bis Sonntag 20 Uhr, der Kartenverkauf zwischen achtzehn und zweiundzwanzig Uhr. Wir bedanken uns für Ihren

Anruf. Wenn Sie uns eine Nachricht hinterlassen wollen, dann sprechen Sie bitte nach dem Signalton.

Hörtext 65

Intercity 435, „Donaukurier", von Wien nach Dortmund, nur Schlaf- und Sitzwagen mit Ruhesesseln:

Abfahrt Wien 20:45, Linz 22:34, Salzburg 23:55, Frankfurt 6:00, Köln 8:42, Dortmund 10:35

ICE „Wiener Philharmoniker" von Wien nach Hamburg:

Abfahrt ...

Hörtext 66

– Willkommen beim Schweizer Rail-Service.
• Hallo, hallo, ist dort die Zugauskunft?
– Ja.
• Ich hätte gern einen Zug nach Hamburg von Basel.
– Wann wollen Sie denn fahren?
• Äh, am Vormittag vielleicht, oder, oder einen Nachtzug.
– Um elf Uhr null vier ab Basel SBB.
• Elf Uhr null vier ...
– Oder dann um 19.13 Uhr aber ...
• ... elf, wann kommt der an?
– Elf Uhr null vier ab Basel SBB ist um 17.33 Uhr in Hamburg Hauptbahnhof.
• 17.33 Uhr und, und der Nachtzug?
– Äh, Abfahrt 19.13, Ankunft sieben Uhr null sieben.
• Gibt es auch einen am Nachmittag?
– Ja, um 15.13, aber da müssen Sie zweimal umsteigen, einmal in Mannheim, ...
• Nein, nein, nein, dann lieber den um elf Uhr null vier. Danke, danke auch, auf Wiederhören.

Hörtext 67

– Es ist 20 nach 3.
– Es ist 12 Uhr 5.
– Es ist 5 vor 9.
– Es ist 3 Uhr 20.
– Es ist 22 Uhr 15.
– Es ist Viertel 11.
– Es ist 8 Uhr 55.
– Es ist 15 Uhr 20.
– Es ist 10 vor halb 4.
– Es ist 20 Uhr 55.
– Es ist 5 nach 12.
– Es ist Viertel nach 10.
– Es ist 0 Uhr 5.
– Es ist 10 Uhr 15.

Hörtext 68:

Ich fahre oft nach Wien.
Mein Zug fährt in Halle um 21 Uhr ab.
Bis Leipzig dauert es eine halbe Stunde.

Nach einer Stunde Aufenthalt geht es dann um 22 Uhr 30 von Leipzig nach Wien.
Im Zug kann ich 8 Stunden schlafen. Das ist ein Luxus!
Morgens um 7 Uhr gibt es Frühstück im Zug, das schmeckt immer prima!
Dann komme ich endlich um 8 Uhr in Wien an.
Bei Freunden frühstücke ich dann um 8 Uhr 45 noch einmal, bevor wir mit der Arbeit beginnen.
Wir arbeiten meistens zehn Stunden lang, um 21 Uhr gibt es dann endlich Abendessen!
Nach diesem Tag bin ich immer sehr müde, um 23 Uhr gehe ich schlafen, gute Nacht.

Hörtext 69

Zeit fünf Uhr – siebzehn Uhr und einundzwanzig natürlich
achtzehn Uhr neun – was jetzt – achtzehn Uhr zwanzig gleich, wahrscheinlich
Ein Blick auf die Uhr: Es ist 9 Uhr 63.
Es ist genull nau Uhr.
Es wird in 35 Minut … in 35 Sekunden, Entschuldigung, 2 Uhr 5.
Boris Becker hat am Abend das WC T-Turnier in Dallas (lacht), die inoffizielle Tennisweltmeisterschaft, gewonnen. Die Lottozahlen: 3, 6, 19, 33 (lacht), 38 (lacht), 43. Zusatzzahl: 46 (lacht). Verzeihung. Die Gewinnzahl im Spiel 77 lautet: 0 9 (lacht) Entschuldigung – 0 9 8 2 9 4 2 (lacht). Diese Angaben sind wie immer ohne Gewähr. (lacht)

Hörbeispiel 71

Lösung zu 1:	ins Fitness-Center, ins Fußballstadion
Lösung zu 2:	ins Kino, ins Beisl
Lösung zu 3:	in den Tiergarten, in die Kunsthalle, aufs Oktoberfest, auf den Opernball
Lösung zu 4:	in den Zoo, ins Konzert, ins Café, ins Büro, auf den Markt

Hörbeispiel 74

Beispiel 1

A: Möchtest du Musik hören? ↗ Dann komm mit uns in den Jazzclub. ↘
B: Ja, wo ist der Jazzclub? ↘ Ist er am Markt? ↗ Oder wo treffen wir uns? ↘

Beispiel 2

A: Möchtest du Musik hören? ↗ Dann komm mit in uns den Jazzclub. ↘
B: Kommt deine Freundin auch mit? ↗

Beispiel 3

A: Möchtest du Musik hören? ↗ Oder Monika treffen? ↗ Dann komm mit uns in den Jazzclub. ↘
B: Ja, wo ist der Jazzclub? ↘

Hörtext 77

Hallo, liebe Kinofreunde, hier ist der Kino-Center am Markt, heute ist der 5.3.
Derzeit präsentieren wir Ihnen eine Hitchcock-Retrospektive.
Seit drei Tagen läuft „Psycho" mit Antony Perkins, heute, am 5.3., leider zum letzten Mal.
Ab morgen, Donnerstag, zeigen wir euch dann „die Vögel" bis einschließlich Freitag, den 9.3.
Von Samstag, den 10.3., bis Montag, den 12.3., zeigen wir dann den mörderischen „Orient-Express".
Am Dienstag, den 13.3., ist unser Kino leider wegen Renovierung vorübergehend geschlossen.

Aber ab Mittwoch, den 14.3., gilt schon das neue Wochenprogramm.
Wir freuen uns, euch und Sie in unserem Kino begrüßen zu dürfen. Bis dann, auf Wiederhören.

Hörtext 78

Dialog 1

– Du, Maria, ich geh am Freitag ins Podium, gehst du mit?
• Oh, ja, gern, im Podium war ich schon lang nicht mehr. Wer spielt denn?
– Weiß nicht so genau, aber auf jeden Fall gibt's Jazz mit Saxophon.
• Und wann ... –
– Um neun.
• Treffen wir uns um acht?
– Ja, ich bin um acht dort. Bis dann.
• Tschüs!

Dialog 2

– Ah, grüß dich, Janette, gut dass ich dich sehe, Thomas und ich gehen heute Nachmittag ins Papiermuseum, kommst du mit?
• Warum nicht, wann geht ihr denn?
– So, gegen drei oder schon um zwei?
• Lieber um zwei.
– Also dann um zwei am Eingang, tschau, bis dann.

Dialog 3

– Gabi, ich hätte hier zwei Karten für die Oper, am Freitag, die Zauberflöte, haben Sie Lust?
• Ach, das tut mir aber Leid, ich hab schon was anderes vor.

Dialog 4

– Hallo, Martina, ich bin's Thomas, ich bin am nächsten Wochenende wieder mal in München.
• Hej, toll, dann machen wir was zusammen.
– Ja, deshalb ruf ich an, ich möcht mal wieder richtig ordentlich Fußball sehen: Bayern München. Spielen die am Samstag?
• Am Samstag, warte mal, am Samstag nicht, aber Sonntag, im Olympiastadion. Hej, ich kauf Karten, ja?
– Wo und wann treffen wir uns?

Dialog 5

– Übrigens, was machst du heute Abend? Im Apollo läuft ein neuer Science-Fiction-Film. Hast Lust?
• Ja, warum nicht? Aber heut' Abend geht's mir ziemlich schlecht aus.
– Oh, und morgen?
• Morgen? Mal überlegen, morgen ...
– ... könnten wir telefonieren?
• Genau, ruf mich einfach an, genau.
– Sehr gut, also dann bis morgen!
• Gut, bis morgen dann, baba.
– Tschau!

Hörtext 84

Text 1

Du, hallo, hier ist die Andrea. Du, du kommst doch heut Abend zu meiner Feier, gell? Ich wollte nämlich nur sagen, kannst du bitte pünktlich sein? Weil wir fangen nämlich mit einem warmen Essen an, weißt du! Also, dann, bis heute Abend, gell. Adele (D)

Text 2

Du kommst doch heut Abend zu meinem Fest, oder? Und kannst du pünktlich sein? Wir fangen nämlich mit einem warmen Essen an. (CH)

Text 3

Ja, hallo, da ist der Berni. Du kommst doch heut Abend zu meiner Feier? Ich wollte nur sagen, kannst du bitte pünktlich sein? Weil wir fangen nämlich mit einem warmen Essen an, weißt! Also dann, bis zum Abend, tschau, baba. (A)

Rätselbilder zum Magazin S. 14/15

Mit den hier abgedruckten alternativen Rätselbildern können *ein/kein* nach Bedarf weiter geübt werden (siehe Übungsimpulse in Lernstation 2, S. 37). Später könnten Sie auch für *nicht .../kein ..., sondern* und *ja, nein, doch* verwendet werden.

1. der Becher, 2. die Schüssel, 3. die Nudel(n), 4. der Strudel, 5. der Hut, 6. die Tasse, 7. der Hundeanzug, 8. die Narrenkappe, 9. die Krone, 10. Komiteekappe eines Karnevalsvereins, 11. der Babyanzug, 12. die Stimmgabel, 13. die Heugabel, 14. der Hocker, 15. der Stuhl (D), der Sessel (A), 16. das Puppenkleid

1

2

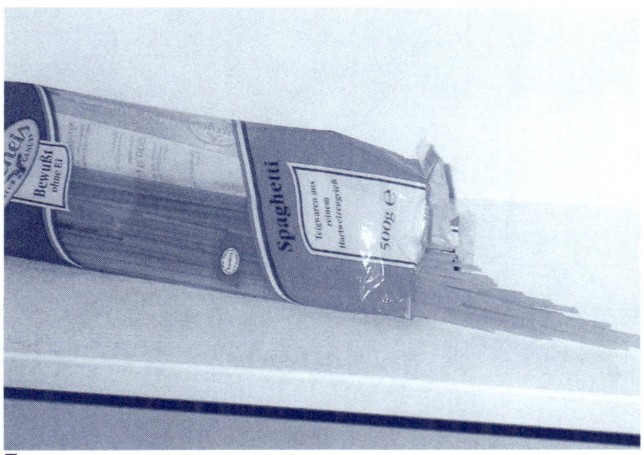

3

4

5

6

7

8

9

10

11

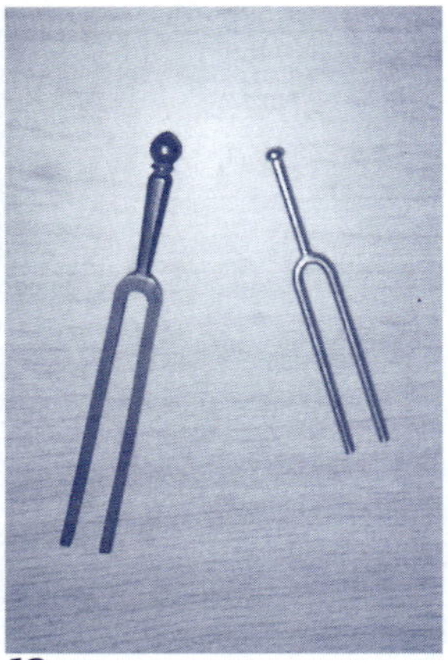
12

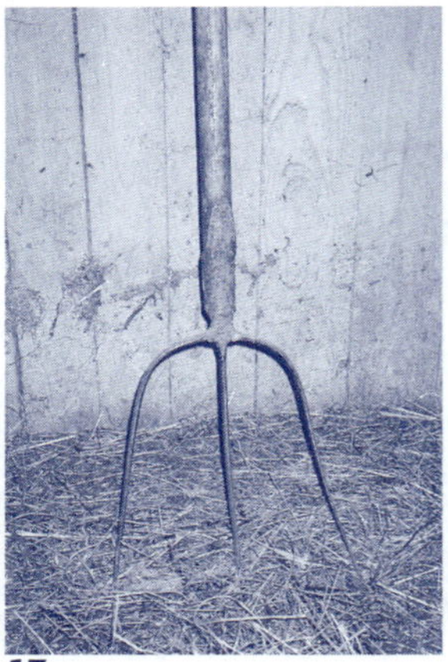
13

14

15

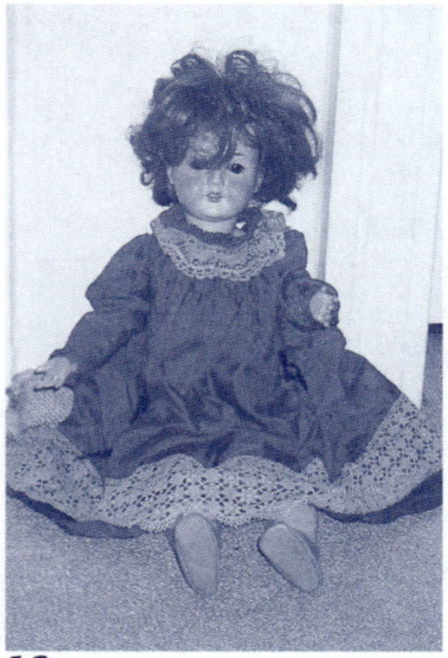
16

Quellenverzeichnis

Seite/n

1 Zitat von Julius Payer, Die österreichisch-ungarische Nordpol Expedition in den Jahren 1872–1874, k.k. Hof- und Universitätsbuchhändler, Alfred Hölder, Wien 1876, zitiert in: Christoph Ransmayr: Die Schrecken des Eises und der Finsternis, Wien, München: Brandstätter 1984, Neuausgabe: Frankfurt/M.: Fischer 1999

52/107/108 Foto 7: House of Dogs, Zürich (Anzug von Burberry); 8: Susanne Probst, München; 9: Kunsthistorisches Museum, Wien (Jan Vermeyen); 10: Stoffexpress Ateliermodelle, Köln; alle anderen: Autoren

66 Gedicht von Ernst Jandl aus: poetische Werke, hsg. von Klaus Siblewski, Band 7 (die bearbeitung der mütze & der versteckte hirte & verstreute gedichte 5) Seite 161, © 1997 Luchterhand Literaturverlag GmbH, München

Wir haben uns bemüht alle Inhaber von Bild- und Textrechten ausfindig zu machen. Sollten Rechteinhaber hier nicht aufgeführt sein, so wäre der Verlag für entsprechende Hinweise dankbar.